Educación Artística

Sexto grado

Educación Artística. Sexto grado fue desarrollado por la Dirección General de Materiales e Informática Educativa (DGMIE), de la Subsecretaría de Educación Básica, Secretaría de Educación Pública.

Secretaría de Educación Pública
Emilio Chuayffet Chemor

Subsecretaría de Educación Básica
Alba Martínez Olivé

Dirección General de Desarrollo Curricular
Hugo Balbuena Corro

Dirección General Adjunta para la Articulación Curricular de la Educación Básica
María Guadalupe Fuentes Cardona

Dirección General Adjunta de Materiales Educativos
Laura Athié Juárez

Segunda edición 2011

Coordinación técnico-pedagógica
Dirección de Desarrollo e Innovación de Materiales Educativos, DGMIE/SEP
María Cristina Martínez Mercado, Ana Lilia Romero Vázquez,
Alexis González Dulzaides

Autores
Oswaldo Martín del Campo Núñez, María Teresa Carlos Yañez,
Rita Holmbaeck Rasmussen, Lorena Cecilia Fuensanta Ávila Dueñas, Laura
Gamboa Suárez, Marxitania Ortega Flores, María Guadalupe Patricia Romero Salas,
María Estela Ruiz Fischer

Revisión técnico-pedagógica
Daniela Aseret Ortiz Martinez, Rosa María Núñez Hernández, Jessica Mariana
Ortega Rodríguez, Luz María del Socorro Pech Zumárraga

Asesores
Lourdes Amaro Moreno, Leticia María de los Ángeles González
Arredondo, Oscar Palacios Ceballos

Coordinación editorial
Dirección Editorial, DGMIE/SEP
Alejandro Portilla de Buen, Pablo Martínez Lozada, Mateo Miguel,
Esther Pérez Guzmán

Cuidado editorial
Agustín Escamilla Viveros

Producción editorial
Martín Aguilar Gallegos

Diagramación
Abraham Menes Núñez

Iconografía
Diana Mayén Pérez, Fabiola Buenrostro Nava

Portada
Diseño de colección: Carlos Palleiro
Ilustración de portada: Cecilia Révora

Servicios editoriales
CIDCLI, S.C.

Coordinación y asesoría editorial
Patricia van Rhijn, Elisa Castellanos y Rocío Miranda

Diseño
Rogelio Rangel

Ilustración
Paulina Barraza (pp. 8-9, 30-31, 46-47, 64-65, 80-81), Erick Retana (pp. 10-11, 14,
33, 39, 43, 49, 63, 67, 76, 78, 83), Patricio Betteo (pp. 15, 22, 34, 54, 70, 84-85,
91), José Luis Valadez (pp. 17, 57, 73-74, 86, 89), Sergio Bordon (p. 19), Herenia
González (pp. 23, 41, 60-61), Alma Rosa Pacheco (pp. 25-26, 90), Patricia Márquez
e Isaías Valtierra (pp. 27, 32, 35, 75, 77-79, 82), Sara Elena Palacios (p. 45), Gonzalo
Gómez (pp. 56, 58).

Iconografía
Ana Mireya Martínez Olave

Fotografía
Rafael Miranda; asistente: Anaí Tirado

Tercera edición revisada, 2014 (ciclo escolar 2014-2015)

Coordinación técnico-pedagógica
Dirección de Desarrollo e Innovación de Materiales Educativos, DGMIE/SEP
María Elvira Charria Villegas

Revisión técnico-pedagógica
Dirección de Desarrollo e Innovación de Materiales Educativos (DDIME), Dirección
General de Desarrollo Curricular (DGDC) y maestros frente a grupo del Pimpleia
Taller infantil y juvenil de artes plásticas

Coordinación editorial
Dirección Editorial, DGMIE/SEP
Patricia Gómez Rivera, Olga Correa Inostroza

Cuidado de la edición
Agustín Escamilla Viveros

Corrección de estilo y pruebas
Octavio Rodríguez, Mario Aburto Castellanos

Producción editorial
Martín Aguilar Gallegos

Formación
Edith Galicia de la Rosa

Iconografía
Diana Mayén Pérez

Primera edición, 2010
Segunda edición, 2011
Tercera edición revisada, 2014 (ciclo escolar 2014-2015)

D.R. © Secretaría de Educación Pública, 2010
Argentina 28, Centro,
06020, México, D.F.

ISBN: 978-607-514-728-4

Agradecimientos
La Secretaría de Educación Pública agradece a los maestros y maestras, a las
autoridades educativas de todo el país, a expertos académicos, por colaborar en la
revisión de las diferentes versiones de los libros de texto.

La SEP extiende un especial agradecimiento a la Academia Mexicana de la Lengua
por su participación en la revisión de la tercera edición revisada, 2014 (ciclo escolar
2014-2015).

La Patria (1962),
Jorge González Camarena.

Esta obra ilustró la portada de los primeros libros de texto. Hoy la reproducimos aquí para mostrarte lo que entonces era una aspiración: que los libros de texto estuvieran entre los legados que la Patria deja a sus hijos.

El libro de texto que tienes en tus manos fue elaborado por la Secretaría de Educación Pública para ayudarte a estudiar y para que leyéndolo conozcas más de las personas y del mundo que te rodea.

Además del libro de texto hay otros materiales diseñados para que los estudies y los comprendas con tu familia, como los Libros del Rincón.

¿Ya viste que en tu escuela hay una biblioteca escolar? Todos esos libros están ahí para que, como un explorador, visites sus páginas y descubras lugares y épocas que quizá no imaginabas. Leer sirve para tomar decisiones, para disfrutar, pero sobre todo sirve para aprender.

Conforme avancen las clases a lo largo del ciclo escolar, tus profesores profundizarán en los temas que se explican en este libro con el apoyo de grabaciones de audio, videos o páginas de internet y te orientarán día a día para que aprendas por tu cuenta sobre las cosas que más te interesan.

En este libro encontrarás ilustraciones, fotografías, pinturas que acompañan a los textos y que, por sí mismas, son fuentes de información. Al observarlas notarás que hay diferentes formas de crear imágenes. Tal vez te des cuenta de cuál es tu favorita.

Las escuelas de México y los materiales educativos están transformándose. ¡Invita a tus papás a que revisen tus tareas! Platícales lo que haces en la escuela y pídeles que hablen con tus profesores sobre ti. ¿Por qué no pruebas leer con ellos tus libros? Muchos padres de familia y maestros participaron en su creación, trabajando con editores, investigadores y especialistas en las diferentes asignaturas.

Como ves, la experiencia, el trabajo y el conocimiento de muchas personas hicieron posible que este libro llegara a ti. Pero la verdadera vida de estas páginas comienza apenas ahora, contigo. Los libros son los mejores compañeros de viaje que pueden tenerse. ¡Que tengas éxito, explorador!

Índice

Bloque IV

Bloque V

Conoce tu libro

En este libro encontrarás lecciones de los cuatro lenguajes artísticos que ya conoces: artes visuales, expresión corporal y danza, música y teatro. Cada disciplina tiene técnicas específicas para su ejecución. Podrás conocerlas mejor para disfrutarlas y practicarlas.

Aprendizaje esperado
En este primer párrafo se indica brevemente qué aprenderás luego de haber llevado a cabo las actividades de la lección. Para conseguirlo es importante que participes y apoyes a tus compañeros. Deberás respetar las diferencias entre ustedes y participar con entusiasmo, convencido de que a ti también te respetarán.

Lo que conozco
Como primera actividad, se te invita a que pienses qué sabes sobre el tema. No hace falta que resuelvas un examen, basta con que reflexiones un poco, pero en serio. A veces son conceptos que ya viste en años anteriores, pero también se trata de que pienses acerca de tu entorno.

Escala
Para que tengas una idea del tamaño real de las obras, se incluye una figura a escala como referencia.

Un dato interesante
Son anécdotas o información sobre un aspecto particular del tema. Puede ser algo interesante sobre un artista o un dato que te invite a investigar sobre lo que se comenta.

Te recomendamos navegar en internet siempre en compañía de un adulto.

Consulta en:
Hay mucha información cerca de ti. Si te gustó algún tema y quieres saber más sobre él, aquí encontrarás sugerencias de recursos informáticos ubicados en el sitio Primaria Tic. También recuerda consultar la Biblioteca Escolar. Además, puedes pedir a tu maestro que te recomiende libros interesantes.

A lo largo de todas las lecciones podrás emplear los objetos y materiales del Baúl del arte.

Para la siguiente clase… En esta sección te sugerimos los materiales que utilizarás en tu próxima clase de Educación Artística para que los consigas con anticipación.

En algunas lecciones encontrarás palabras que se destacan en azul para que te fijes en los conceptos más importantes y vayas ampliando tu vocabulario artístico.

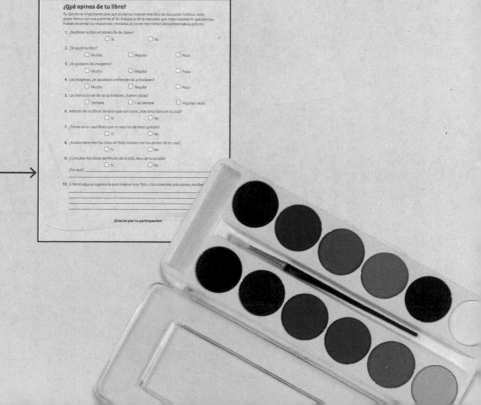

Al final del libro aparece una página con preguntas para evaluarlo. Tu opinión es muy importante, ya que nos ayudará a enriquecerlo.

Bloque l

Lección 1 Comencemos el año

En esta lección harás un breve recuento de lo que aprendiste en quinto grado para que puedas prepararte y seguir desarrollando tus habilidades artísticas de forma creativa.

Recuerda que el arte es una manifestación humana en la que puedes ser espectador y creador. Para ello debes desarrollar tu sensibilidad. Las posibilidades de disfrutar el arte son muchas; puedes descubrir manifestaciones artísticas cuando vayas a una plaza, a un museo, a un templo o cuando veas un baile o escuches música.

Comenta con tus compañeros lo que aprendiste en quinto año:

- En artes visuales, ¿cuáles son los temas que recuerdas?, ¿cuál fue la actividad que más te gustó?, ¿por qué?
- De las danzas y bailes que conoces hasta el momento, ¿cuáles te interesan más y por qué?
- ¿Recuerdas cuántas familias de instrumentos existen?, ¿cómo se llaman?, ¿cuáles son las características de cada una?
- ¿Qué elementos intervienen en una puesta en escena?

Giselle, sí es él.
Alicia Sánchez y compañía.

Arlequines en carnaval, León, Guanajuato.

Este año terminarás la primaria y te prepararás para estudiar la secundaria; por eso en las lecciones de este ciclo tendrás que hacer un esfuerzo adicional. Tú puedes hacerlo porque te has preparado para ello. Reflexiona, ¿con qué lenguaje artístico te expresas mejor?

En este grado seguirás desarrollando tu sensibilidad y tu creatividad; valorarás las distintas manifestaciones artísticas que te rodean; reflexionarás sobre su importancia y participarás activamente en el arte como creador y como espectador.

En sexto grado:

- Comprenderás los principales elementos de los cuatro lenguajes artísticos que ya conoces: artes visuales, danza, música y teatro.
- Apreciarás las expresiones artísticas de la región y de la comunidad donde vives.
- Opinarás sobre tus experiencias en las actividades de esta asignatura.

En esta clase organizarás, junto con tus compañeros, el Baúl del arte, que reunirá los materiales que cada uno quiera aportar para que todos puedan utilizarlos en las clases.

Para la siguiente clase… Necesitarás una cartulina, lápices, plumines o pinturas acrílicas de colores.

Lección 2 Una obra bidimensional con puntos aparecerá

En esta lección expresarás ideas, sentimientos y experiencias a través de la bidimensionalidad.

Lo que conozco

¿Qué entiendes por bidimensionalidad? Junto con tus compañeros, haz una lluvia de ideas.

Recuerda que en tercer grado conociste el significado de bidimensionalidad aplicado a los diferentes soportes que usan los artistas.

Un dato interesante

El *puntillismo* consiste en poner muchos pequeños puntos de colores, unos junto a otros, sin mezclarlos. Cuando se observa el cuadro a cierta distancia la retina del ojo produce la mezcla. Georges-Pierre Seurat es uno de los principales representantes de este movimiento pictórico.

Las imágenes bidimensionales son aquellas en las que sólo hay dos dimensiones: ancho y alto. En el cuadro de abajo el artista francés Georges-Pierre Seurat representó un paisaje en una superficie bidimensional. Observa que el pintor sólo utilizó puntos de colores.

¿Qué objetos aparecen en la pintura? ¿Qué elemento te parece el más cercano y cuál el más lejano? ¿Cómo logra el artista este efecto? Ahora observa la imagen desde lejos y luego lo más cerca posible, ¿qué cambios notas en ella? Coméntalo con tus compañeros y anota en tu cuaderno tus refexiones.

Georges-Pierre Seurat (1859-1891), *Tiempo gris*, 1888, puntillismo, (81 × 65 cm).

Hoy vas a crear una pintura bidimensional con la técnica del puntillismo a partir de las imágenes de esta página. Puedes hacer los puntos con lápices, plumines o pinturas acrílicas de colores.

Observa las imágenes: son representaciones bidimensionales de objetos tridimensionales. Las de la izquierda son fotografías de objetos comunes; las de la derecha son fotos de piezas artísticas.

Elige la llanta o el libro que más te guste, obsérvalo de nuevo e imagina un espacio en donde podría estar. ¿Está en un lugar fantástico o real?, ¿el espacio es oscuro o iluminado?, ¿el objeto tiene vida propia o hay alguien que lo mueve?, ¿qué cosas están cerca de él y qué cosas están lejos?

Dibuja en tu cartulina lo que imaginaste y píntalo sólo con puntos. Inspírate en el cuadro *Tiempo gris* de Georges-Pierre Seurat.

Recuerda que la *composición de una imagen* es el resultado de la organización de los elementos visuales en un espacio determinado.

Cuando termines muestra tu trabajo a tus compañeros. Reflexionen y comenten qué les pareció el ejercicio y si pudieron plasmar la imagen que pensaron.

Helen Escobedo (1934-2010), *Biblioteca pétrea*, 2005, lajas de piedra, diferentes medidas.

Betsabeé Romero (1963) *Aliento para rodar*, 1997, rosas secas en la rueda de un coche (60 × 60 × 19 cm).

Un dato interesante

¿Sabías que la televisión, el cine y los medios digitales proyectan diferentes formas de imágenes bidimensionales?

Para la siguiente clase…

Necesitarás música tradicional mexicana y un reproductor de sonido para el grupo.

Apréndete un dicho o una copla de tu región.

Lección 3 Dime cómo bailas y te diré quién eres

En esta lección utilizarás los elementos de la danza –movimiento, espacio, ritmo y energía– para crear una composición dancística.

Lo que conozco

¿Cómo utilizas los elementos de la danza en una composición dancística?

En años anteriores experimentaste distintas formas de moverte y de crear pequeñas danzas colectivas utilizando elementos básicos como el *movimiento*, el *ritmo* y el *espacio*.

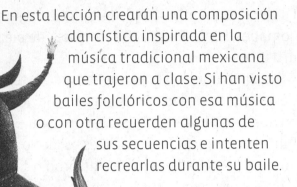

Se entiende por composición dancística una organización o estructura de varias secuencias cuyo objetivo es desarrollar un tema con movimientos.

En esta lección crearán una composición dancística inspirada en la música tradicional mexicana que trajeron a clase. Si han visto bailes folclóricos con esa música o con otra recuerden algunas de sus secuencias e intenten recrearlas durante su baile.

Acuarela potosina, Ballet Folclórico Potosino.

Danza de la purificación, capellanes de la comunidad de San Juan Chamula, Chiapas.

Danza huasteca nahua, Chiconamel, Veracruz.

Las diversas expresiones de los bailes folclóricos son, en general, interpretaciones de la cultura local; por eso pueden referirse al festejo de una boda, a momentos de la pesca o de la cosecha, o a otros aspectos de la vida cotidiana. En algunos estados de la república mexicana también se incorporan a los bailes anécdotas o expresiones locales, como las coplas, las rimas y los dichos. Tal es el caso de los fandangos de Veracruz y las jaranas de Yucatán. ¿Conoces algunas coplas, rimas, dichos o refranes de tu región?, ¿cuáles?

• Comenta con tu maestro y tus compañeros todo lo que saben sobre estas actividades y expresiones del lugar donde viven; anótalo en el pizarrón.

Consulta en:
Para saber más de este contenido, entra al portal Primaria TIC <http://basica. primariatic.sep.gob.mx> En el buscador escribe **danzas**.

- Ahora sepárense en grupos formando dúos, tríos, cuartetos o quintetos. Cada grupo deberá escoger una de las actividades y expresiones cotidianas que anotaron.
- Con el tema elegido y utilizando los elementos de la danza que ya conocen, preparen dos o tres secuencias dancísticas con la música que trajeron. Recuerden que pueden incluir dichos, frases, coplas, rimas o refranes de su comunidad.
- Ensayen una o dos veces para presentarla ante sus compañeros.
- Presenten su secuencia dancística.
- Al terminar, comenten entre todos su experiencia al elaborar una composición dancística; seguramente se habrán dado cuenta de que es necesario organizarse y trabajar en equipo.

En los bailes folclóricos se plasman expresiones y elementos de distintas regiones. México es muy diverso; tenemos ciudades, campos, desiertos, playas y una gran cantidad de comunidades indígenas. Las actividades que se realizan en cada lugar son muy diferentes y eso lo percibimos en nuestros bailes.

Para la siguiente clase…
Necesitarás instrumentos como maracas, panderos y algunos objetos del Baúl del arte que puedan servir como idiófonos, y la grabación de una canción.

Jarana yucateca, Mérida, Yucatán.

Lección 4 ¡A-com-pááá-ña-me!

En esta lección aprenderás a improvisar acompañamientos rítmicos o melodías conocidas utilizando el cuerpo, la voz, objetos e instrumentos.

Lo que conozco
¿Por qué algunas canciones son más fáciles de memorizar que otras? ¿Te ha ocurrido que luego de escuchar una canción te descubres silbándola?

Desde primer grado has jugado con el sonido y durante los años posteriores aprendiste que tiene cuatro cualidades: timbre, altura, volumen y duración. Pues bien, para entender qué es una melodía vamos a recordar la altura y la duración.

Pablo Picasso (1881-1973) *Los tres músicos*, 1921,
óleo sobre tela (71 × 57 cm).

150 cm

La **altura** es la cualidad que determina si un sonido es grave o agudo. Dependiendo de la frecuencia del sonido se pueden distinguir las siete notas musicales: do, re, mi, fa, sol, la y si.

El sonido de cada una de ellas se reconoce porque tienen diferente altura. Para distinguirlas, hay que escucharlas. Tal vez un familiar, amigo o tu profesor puedan tocar algún instrumento musical para mostrarte el sonido de las notas.

La **duración** se refiere al tiempo en que ocurre un sonido. Podemos decir, de forma muy general, que los sonidos son cortos, medios o largos.

Entonces, la **melodía** es una sucesión de sonidos que tienen diferente altura y distinta duración. Estos sonidos juntos crean música.

Es sencillo reconocer la melodía de una canción porque generalmente es aquella que lleva la letra y es fácil de recordar.

Escucha atento una canción grabada. Notarás que la melodía se escucha en las voces y en los instrumentos, o que se repite sin voz en algunas partes.

Una vez que la identifiques puedes tararearla. Habrá, seguramente, otros instrumentos que no toquen la melodía, sino el acompañamiento para resaltar la melodía o el ritmo.

Por lo general, algunos instrumentos como la batería, los panderos o las maracas marcan el ritmo y el acompañamiento.

Elige una melodía que sea de tu agrado y con un instrumento de percusión o con un objeto del Baúl del arte sigue el acompañamiento rítmico o, mejor aún, inventa tu propio acompañamiento. Esta actividad puedes realizarla junto con otros compañeros si eligen una misma pieza. Si les es posible, inviten a un músico a tocar en su salón; sin duda él podrá explicarles más sobre la melodía y podrán acompañarlo con percusiones.

do re mi fa sol la si do

150 cm

Juan José Montans (1955), *Serie los músicos,* número 5, 2008, óleo sobre tela (80 × 60 cm).

Consulta en:
Para saber más de este contenido, entra al portal Primaria TIC <http://basica.primariatic.sep.gob.mx> En el buscador escribe **melodía**.

Coro de la Orquesta Sinfónica del Estado de México, Festival de Música y Ecología de Valle de Bravo.

¿Te has puesto a pensar por qué te gusta más una canción que otra o por qué prefieres un género musical? En estas líneas comenta tus ideas al respecto.

_____

_____

_____

_____

_____

_____

_____

Las **percusiones** son instrumentos ideales para realizar acompañamientos rítmicos. En cambio existen otros instrumentos más apropiados para ejecutar melodías, como el violín, la flauta y también la voz humana.

Un dato interesante
La palabra _melodía_ proviene del vocablo griego _melos_, que quiere decir "canción". Durante el siglo XX el compositor italiano Luciano Berio (1925–2003) y el estadounidense John Cage (1912–1992) compusieron obras sin melodía, por eso es difícil memorizarlas y comprenderlas musicalmente.

Lección 5 Era literatura... hoy es puro teatro

Ahora, expresándote libremente, escribirás un texto teatral que se representará ante un público.

Lo que conozco

¿Qué mito o leyenda se cuenta en tu comunidad? ¿Cuál podrías representar? ¿Con qué género te gustaría trabajar? ¿Comedia o tragedia?

Escribe en esta línea el tema que tú propones:

_____

De todos los temas propuestos, elijan uno. Al inicio de la obra darán a conocer los personajes, el contexto y la situación que se desarrollará. Luego deben establecer el **nudo**, en el que se presentará el **conflicto**, es decir, el problema central. A partir de aquí las situaciones deben complicarse y se resolverán en el desenlace.

Para comenzar a escribir definan lo siguiente:

¿Dónde y cuándo sucede la obra?

_____

¿Quiénes son los personajes?

_____

_____

¿Cuál es el conflicto?

_____

_____

¿Cómo se resuelve y cuál es el desenlace?

_____

_____

_____

_____

Don Quijote, Compañía Nacional de Teatro, México.

Lee con tu grupo el siguiente ejemplo; puede ayudarte a comenzar la redacción de tu texto.

Farsiñol es una ciudad pequeña. Sus habitantes se sienten muy orgullosos de los dos teatros que están en la plaza principal. Uno, muy antiguo; el otro, muy moderno; pero ambos foros están muy bien cuidados, tienen buena acústica y sillas cómodas y acojinadas. Cada teatro trabaja con una compañía teatral distinta. La primera está dirigida por el señor Dividan y la otra por el maestro Maximin.

Los artistas de ambas compañías se conocen, algunos son amigos; pero en el escenario las dos compañías compiten por presentar la obra más aplaudida y gustada por el público.

Un día Dividan oyó que, secretamente, Maximin estaba preparando una obra...

Dividan: *¿Qué? ¿Van a representar El gato con botas? ¿Puedes imaginarlo, Anselmo? ¡El gato con botas! ¡Esa obra... ya no le interesa ni a los niños!*

Anselmo *(iluminador): ¿Qué estará tramando Maximin? Tal vez tiene un as bajo la manga.*

Denisia *(escenógrafa): ¿Qué vamos a hacer? La temporada pasada la gente sólo hablaba de ellos y de su obra El hipocondriaco.*

Dividan: *Dirás El enfermo imaginario, de Molière.*

Jan *(vestuarista): ¿Y si montamos Caperucita?*

Dividan: *¿Quieres que seamos el hazmerreír de la ciudad?*

Jan *(vestuarista): Yo lo decía porque tengo una hermosa caperuza roja.*

José *(actor): A mí, la verdad, ya no me gusta ninguna de esas obras. Prefiero buscar un grupo con textos más interesantes.*

Durante la semana reúnanse para leer en voz alta el texto que elaboraron. Corrijan y hagan todas las modificaciones que sean necesarias para obtener un resultado que refleje sus ideas. Al finalizar comenten: ¿cuál fue su experiencia al escribir el texto?

Para la siguiente clase...
Necesitarás ropa u objetos del Baúl del arte con los que se pueda representar el texto que escribiste con tus compañeros.

Consulta en:
Para saber más de este contenido, entra al portal Primaria TIC <http://basica.primariatic.sep.gob.mx> En el buscador escribe **guiones de teatro**.

Danza de moros y cristianos, de la ópera *Tata Vasco*, Ballet Folclórico de México.

En el teatro se emplean varios recursos artísticos además de la voz y la expresión corporal de los actores. Por ejemplo, se usan las artes visuales para diseñar escenografías.

Si deseas conocer más obras de teatro, busca en la Biblioteca Escolar en la colección Libros del Rincón la obra El *manto terrestre*, de Emilio Carballido (México, SEP-Porrúa, 2007).

Lección 6 Un espacio especial

Todas las obras de teatro requieren un espacio específico para ser presentadas. Aquí aprenderás a crear un ámbito escénico.

Lo que conozco

Para crear un ambiente escénico en el cual se desarrolle la obra, se usan recursos como utilería, escenografía, iluminación y música. Recuerda que en el teatro, al igual que en tus juegos, cualquier objeto cotidiano puede convertirse en lo que necesitas para representar de la mejor manera el lugar donde sucede la obra: una silla cualquiera puede ser un trono; un banco alto puede ser una torre; dos macetas pueden ser una selva.

Decidan el espacio, es decir, el escenario donde representarán el texto que redactaron en la lección anterior.

- Comenten en equipo: ¿cómo es el lugar donde se desarrolla la obra?, ¿está en el interior de una habitación o en el exterior? ¿Qué objetos a su alcance pueden utilizar para recrear ese lugar? ¿Cómo se imaginan el vestuario de los personajes?
- Usen los objetos del Baúl del arte como utilería. Para la escenografía también pueden emplear los trabajos que realizaron en artes visuales a lo largo de toda la primaria y que aún conserven.
- Con la ropa, elaboren un vestuario para caracterizar a sus personajes.
- En un lugar adecuado, dentro de la escuela, guarden todo lo que vayan juntando para su puesta en escena. Éste será su almacén teatral.

Algunos actores y dramaturgos coinciden en que lo más importante en el teatro es la relación que los artistas establecen con el público.

Un dato interesante

Las pastorelas son pequeñas obras de teatro que se escribieron durante el Virreinato para enseñar la religión católica a los indígenas. La primera fue escrita en lengua náhuatl. Hoy en día se siguen escribiendo y presentando.

Consulta en:

Para saber más de este contenido, entra al portal Primaria TIC <http://basica.primariatic. sep.gob.mx> En el buscador escribe **obra de teatro**.

Integro lo aprendido

En esta sección te proponemos que durante el ciclo escolar elabores una revista sobre aspectos que te identifican con tu comunidad, como las danzas y la música folclórica de tu región.

También puedes hablar de artesanía, comida típica, celebraciones, lenguas indígenas, refranes, dichos y lugares importantes.

Cuando terminen la revista, podrán compartirla con su comunidad escolar o donarla a la biblioteca de su escuela.

Sugerencias para la realización de su revista.

- Elijan un título.
- Organicen equipos y seleccionen los temas que abordarán.
- Con ayuda de su maestro, denle algún formato de revista.
- Escojan fotos o ilustren con dibujos las páginas.

- Pueden entrevistar a artistas plásticos, directores de grupos de danza, cofradías o a gente que baila, integrantes de diversos grupos musicales, directores de grupos de teatro, cuentistas y narradores. También pueden pedirle a un adulto que describa cómo era el lugar donde ahora viven, cómo se desarrollan las fiestas de la comunidad y todo lo que quieran preguntar sobre el folclor de la región.

Para concluir, reflexiona y comenta con tus compañeros las siguientes preguntas, que te ayudarán a crear una lluvia de ideas útil para la revista. En el lugar donde vives:

- ¿Qué expresiones culturales y artísticas hay?
- ¿Qué festejos, ferias y celebraciones conoces?
- ¿Cuáles danzas o bailes folclóricos se realizan?

Esta actividad requiere mucha investigación. Lo más importante es que logren apreciar las tradiciones del lugar donde viven.

Jaraneros, fiesta de la Candelaria, Tlacotalpan, Veracruz.

Pirámide de los Nichos, Tajín, Veracruz.

Para la
siguiente clase...
Necesitarás una base
plana y rígida de cualquier
material, papeles, cartones
de diferentes grosores,
tijeras y pegamento.

Bupu, bebida de cacao,
Tlacotalpan, Veracruz.

Bloque II

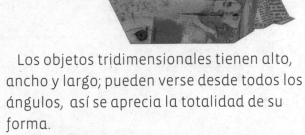

Lección 7 Arruga, dobla y enrolla

En esta lección te expresarás mediante algunos elementos de la tridimensionalidad.

Lo que conozco

Comenta con tus compañeros: ¿por qué las esculturas son tridimensionales?, ¿el tamaño tiene que ver con la tridimensionalidad?, ¿qué patrimonio arquitectónico hay en tu estado?

Los objetos tridimensionales tienen alto, ancho y largo; pueden verse desde todos los ángulos, así se aprecia la totalidad de su forma.

Todos los objetos que ocupan un lugar en el espacio y tienen volumen son tridimensionales.

La escultura y la arquitectura crean obras tridimensionales. La escultura busca la creación de obras artísticas armónicas y agradables a la vista y, en ocasiones, al tacto. La arquitectura produce construcciones que pueden tener presente, o no, el aspecto artístico.

Juan Soriano (1920-2006), *Pájaro XIX*, 1992, escultura en bronce (210 × 235 × 110 cm).

Auguste Rodin (1840-1917), *La catedral*, 1908, escultura en mármol (55 × 125 × 6 cm).

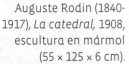

Observa las imágenes de la lección: ¿con qué otros materiales podrían elaborarse las esculturas *Pájaro XIX* y *La catedral*? ¿Por qué sus autores les habrán puesto esos títulos?

Observa la imagen que se encuentra abajo, ¿consideras que tiene algún aspecto artístico en su arquitectura?, ¿qué texturas percibes?

- Elige un tema que te agrade; puedes recurrir a tus libros de Historia o Ciencias Naturales.
- Crea una obra tridimensional sobre una base rígida, usa los papeles, las tijeras y el pegamento que trajiste.

Aunque empleas papel, que en sí mismo sólo tiene dos dimensiones, puedes doblarlo, arrugarlo, cortarlo o pegarlo para transformarlo en una creación tridimensional. Experimenta y observa todas las posibilidades que surgen cuando lo manipulas.

Ya que todos hayan acabado, coloquen sus piezas en una línea al frente del salón. Ahora observen los trabajos y comenten qué diferencias encuentran entre una obra bidimensional y una tridimensional. ¿Qué reto encontraron al trabajar a partir de un papel? ¿La obra que hicieron expresaría mejor sus intenciones si estuviera fabricada con otro material?, ¿por qué?

Para la siguiente clase...
Necesitarás música que te guste y que se escuche en tu región, y un reproductor de sonido para el grupo.

Pedro Ramírez Vázquez y Gonzalo Ramírez del Sordo, Auditorio Nacional (remodelado por Abraham Zabludovsky y Teodoro González de León), ciudad de México.

Lección 8 Con mis amigos, todos a bailar

En esta lección representarás una danza colectiva.

Lo que conozco

Como viste antes, el lugar donde vives influye en la forma en que te mueves y en tu comportamiento. Las acciones cotidianas de una persona que vive en la ciudad, por ejemplo, son muy distintas de las que hace una persona que vive en el campo. En la danza colectiva pueden representarse estas acciones.

Algunas danzas y bailes folclóricos de nuestro país muestran distintas formas de vida y representan tradiciones que han perdurado a lo largo del tiempo. Generalmente estas danzas se bailan en grupo, por lo que reciben el nombre de danzas colectivas, y pueden representarse de diferentes maneras:

- Cuando la danza es de creación colectiva, quiere decir que no hubo un coreógrafo o maestro, sino que se construyó entre todo el grupo.
- También se dice que es de creación colectiva cuando todos los bailarines o intérpretes hacen los mismos movimientos o si en una danza los intérpretes están bailando al mismo tiempo en pequeños grupos diferenciados entre sí.

En grupo, propongan un tema para interpretarlo de manera colectiva.

Danza en Yahualica, Hidalgo.

- Comenten con su maestro los aspectos que les interesen sobre su comunidad o las inquietudes que tengan; pueden ser temas como la contaminación, la carencia de agua, la equidad de género, etcétera.
- Una vez elegido el tema recuerden que para expresar sus ideas pueden usar todos los elementos de la danza que han aprendido. También tomen en cuenta la conciencia corporal que ustedes ya han desarrollado a lo largo de más de seis años.
- Podrán realizar todos los movimientos que quieran, pero lo más importante es que perciban que para hacer un trabajo colectivo se requiere de la participación y el entusiasmo de todos.
- Ahora, escojan la música y ¡manos a la obra! ¡Todos a bailar!

Si adquieres la costumbre de bailar un rato todos los días con tus amigos o tú solo, mejorarás tu salud y tu ánimo. Conviene que esto se convierta en un hábito. Cuando hagas ejercicio no olvides tomar agua con frecuencia.

Para la siguiente clase...
Necesitarás una grabación del *Himno Nacional* y un reproductor de sonido para el grupo.

Lección 9 Afino mi canto ¡por México!

Durante esta lección conocerás algunas claves para cantar y mejorar la entonación del *Himno Nacional Mexicano* o cualquier otra pieza vocal.

Lo que conozco

¿Conoces la forma correcta de respirar?, ¿cuál te imaginas que sea la forma correcta de respirar para cantar?

El aire nos permite emitir sonidos con la voz. Nuestro aparato vocal es un instrumento de viento y, por lo tanto, el aire es lo que le permite funcionar. Para cantar se debe educar la voz y aprender a respirar para controlar el flujo de aire que entra al cuerpo. Cuando cantamos, un flujo parejo y continuo de aire producirá una nota continua, controlada y agradable.

Muchas personas no comprenden bien todas las palabras que aparecen en la letra de nuestro *Himno Nacional*. Si hay algo que tú no entiendes, pregúntaselo a tus padres y a tus maestros.

La letra de nuestro *Himno Nacional* fue escrita en la primera mitad del siglo XIX, hace casi doscientos años. ¿La gente de entonces usaría las mismas frases y palabras que se utilizan hoy al conversar?

En tu cuaderno, conforme a la siguiente tabla, haz una lista de las palabras del *Himno Nacional* cuyo significado desconoces y en tu casa búscalas en el diccionario o coméntalas con tus familiares y amigos para que juntos descubran su sentido.

Palabra	Significado
Aprestad	Preparen.
Bridón	Caballo adiestrado para entrar en batalla.

México no siempre tuvo el himno que tú conoces. La letra actual fue escrita por el poeta potosino Francisco González Bocanegra y la música fue compuesta por un artista español que escribía música para bandas militares, Jaime Nunó. El *Himno Nacional* se estrenó en 1854, pero fue hasta 1943 cuando se declaró oficial. ¡Casi cien años después!

Para entonar bien las notas del *Himno Nacional* es importante escucharlo con atención, varias veces, bien cantado. Y después hacerlo con ganas, pero no gritándolo, sino tratando de ser afinados.

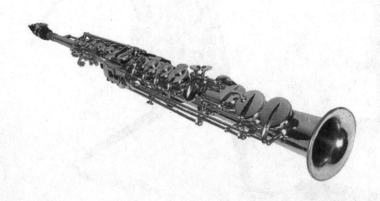

Un dato interesante

Desde 2005 el *Himno Nacional* puede
ejecutarse con su letra traducida a
las diferentes lenguas indígenas
del país.

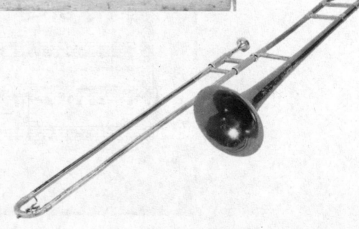

Durante una clase, o las veces que sea necesario y posible, escucha con tu maestro y tus compañeros una grabación del *Himno Nacional*. Toma en cuenta las siguientes recomendaciones para mejorar tu entonación cuando quieras cantar cualquier otra canción que te agrade:

- Escucha con los ojos cerrados la grabación (o a una persona que sepa cantar el *Himno Nacional* correctamente entonado).

- Identifica el sonido de todos los instrumentos que puedas e imagina la melodía sin la letra. No la cantes en silencio ni la tararees, sólo escucha.
- Vuelve a escucharlo con tus ojos cerrados y ahora imagina que cantas junto con la grabación. Recuerda que sólo estás cantando en tu cabeza, por ningún motivo cantes con tu boca; no dejes salir ningún sonido. Permite a tu oído trabajar produciendo los sonidos en tu cerebro.

- Ahora canta lo más bajo que puedas. Esto es para que compares tu voz con la grabación y te des cuenta de si estás entonando correctamente. Muchas personas cantan fuerte desde la primera vez que quieren aprender una canción y esto es incorrecto porque no logran comparar su voz con la entonación adecuada y la aprenden con muchos errores.
- Canta un poco más fuerte, sólo un poco, y ahora escúchate, escucha la grabación y escucha a tus compañeros. Esto último es muy importante en el canto grupal. Nunca cantarán bien si no se escuchan unos a otros.

Tras repetir este procedimiento una y otra vez estarás listo para entonar mejor el *Himno Nacional* y otros cantos.

Los músicos estudian una y otra vez las melodías. El ensayo les permite hacer una buena interpretación. Los cantantes, por su parte, cuidan mucho sus cuerdas vocales, por eso evitan fumar y tomar bebidas alcohólicas, ya que pueden dañarlas de manera irremediable.

Consulta en:
Para saber más de este contenido, entra al portal Primaria TIC <http://basica.primariatic.sep.gob.mx mx> En el buscador escribe **himno**.

Lección 10 El teatro del teatro

En esta lección aprenderás que todo texto teatral debe ser representado; para ello se requiere una dirección y una puesta en escena.

Lo que conozco
En tus clases de Educación Artística ya has participado en una puesta en escena y has aprendido que el teatro es un trabajo en equipo: hay que escuchar a los compañeros, valorar sus habilidades y ser receptivos a la crítica.

El teatro también requiere trabajo individual. Cada participante debe explorar sus gustos personales para saber qué tareas elegir y realizarlas con entusiasmo.

En el teatro, como en todo trabajo de equipo, es necesario que una persona coordine a todos. Éste es el papel del director de teatro. Él debe comprender muy bien el texto teatral, repartir los personajes a los actores, decidir con el escenógrafo y el vestuarista el diseño del ámbito escénico y, en general, incluir en el trabajo las aportaciones de todos.

Jungla, Cirque Dreams Illumination.

Cada uno de ustedes elija una tarea para el montaje de la obra que escribieron en el bloque I: director, actor, escenógrafo, vestuarista o músico.

Esta organización puede llevarles toda la clase, ya que, una vez definidas las tareas, el director debe organizar a todos estableciendo ensayos, y luego los equipos de trabajo deberán platicar por separado acerca de la forma en que se coordinarán en las próximas semanas y el día de la representación. Los actores ensayarán la interpretación de sus personajes con un trabajo corporal, gestual y de voz. Los escenógrafos, junto con el director, acordarán cómo serán la escenografía y los elementos que se requerirán en ella. Los vestuaristas caracterizarán a los actores con ropa y maquillaje para dotar a cada personaje de una personalidad distinta y harán pruebas de vestuario.

Consulta en:
Para saber más de este contenido, entra al portal Primaria TIC <http://basica.primariatic.sep.gob.mx> En el buscador escribe **teatro**.

Hacer teatro requiere la unión de muchas habilidades. Cada persona que participa tiene una gran responsabilidad.

Un dato interesante

La leyenda dice que Molière, prolífico dramaturgo, actor y director francés del siglo XVII, murió en escena, en la representación de *El enfermo imaginario*. Lo cierto es que durante esa representación, vestido de amarillo, sufrió un desmayo y murió después en su casa. Desde entonces se dice que usar vestuario amarillo en el teatro es de mala suerte.

Para la siguiente clase... Necesitarás música que te guste y un reproductor de sonido para el grupo.

Nuestro cuerpo tiene volumen, por lo tanto es tridimensional. Una de sus cualidades es que puede desplazarse en el espacio y crear movimiento.

¿Recuerdan los niveles corporales que se utilizan en expresión corporal y danza? Son tres: alto, medio y bajo; con ellos pueden crear distintos diseños y movimientos con el cuerpo.

- Formen equipos. Individualmente elaboren una forma con su cuerpo utilizando los niveles; a esto se le conoce como diseño corporal. Por ejemplo, si alguien coloca sólo sus manos y pies en el piso, formando una especie de triángulo con el cuerpo, estaría utilizando el nivel medio. ¿Qué formas podrían realizar en los otros niveles?
  - Observen detenidamente las figuras que realizaron sus compañeros de equipo.
  - Observen las siguientes imágenes y la gran diversidad de figuras tridimensionales que se pueden crear con el cuerpo.

La partícula zoológica, Pilobolus Dance Theater.

- Un voluntario presentará su diseño corporal y los demás se irán integrando uno por uno al primer diseño para formar una figura colectiva, siguiendo por lo menos alguna de las siguientes instrucciones:

- Utilizar un nivel distinto del que propuso el primer compañero. Ejemplo: si la primera figura está en el nivel bajo, la otra tendrá que estar en nivel medio o en el alto.

- Intervenir con el cuerpo en algún hueco que haya quedado de la figura de su compañero. Ejemplo: si en la primera figura el compañero tiene las manos en la cintura, tal vez el segundo compañero pueda meter la cabeza en el hueco formado entre la cintura y el brazo.

- Mantener puntos de contacto con alguna parte del cuerpo de sus compañeros. Ejemplo: se pueden crear figuras haciendo contactos como la mano del primer compañero en la cabeza del segundo.

Rosa de hierro, compañía de danza Tándem, 2006.

- Integren sus figuras individuales y
  grupales en un acto escénico, utilizando
  la música que trajeron de casa y, luego,
  presenten su trabajo ante los demás
  compañeros.
- Analicen sus experiencias y coméntenlas:
  ¿qué formas tridimensionales lograron
  construir con sus cuerpos? ¿Cuáles les
  parecieron interesantes y por qué?
  ¿Lograron integrarse como equipo
  mediante las posiciones que crearon?
- Recuerden lavarse las manos antes y
  después de una actividad de contacto
  físico.

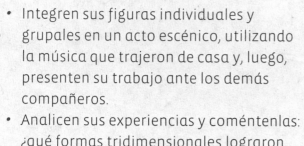

Para la siguiente clase...
Necesitarás cartulinas o cartones, pinturas
acrílicas o tierra mezclada con agua;
pegamento blanco, arena, hojas secas, pinceles
y cinta adhesiva.

Bloque III

Lección 11 ¿Figurativo o abstracto? ¡Ya entiendo!

Aquí aprenderás a diferenciar entre imágenes figurativas e imágenes abstractas.

Lo que conozco

¿Qué entiendes por abstracto?, ¿y por figurativo? Entre todos hagan una lluvia de ideas y escríbanla en el pizarrón.

En las artes visuales se conoce como arte figurativo el que representa la apariencia de cosas reales, esto es, que esas cosas son reconocibles por su aspecto, aunque no sean una copia fiel de la realidad.

En cambio el arte abstracto no copia modelos naturales; trata de representar los sentimientos y las emociones de los artistas a través de las formas, los colores y las proporciones.

Pablo Picasso (1881-1973), *Interpretación de la metamorfosis de un toro. Estilización y síntesis*, 1945-1946, técnicas mixtas, diferentes medidas (entre 30 y 45 cm).

150 cm

Como se observa en las imágenes de la página 48, Pablo Picasso simplificó la figura del toro utilizando en la última obra muy pocas líneas. Aunque la figura perdió detalles, se reconoce un toro, por lo que también se considera una representación figurativa.

La imagen que ves a la derecha es una obra abstracta del pintor holandés Piet Mondrian.

Piet Mondrian (1872-1944), *Composición con rojo, amarillo y azul,* 1921, óleo sobre tela (35 × 39 cm).

Pablo Serrano (1908-1985), *Camila,* 2005, óleo sobre tela (80 × 100 cm).

Los artistas figurativos recrean la realidad en sus obras utilizando los rasgos significativos y reconocibles de lo que quieren representar. En cambio, los artistas abstractos no imitan modelos naturales y crean obras en las que no se hace referencia a seres u objetos, sino a emociones y sentimientos.

Recuerda que los elementos visuales son: punto, línea, textura, color y forma.

Observa las imágenes de esta lección y comenta con tus compañeros cuáles de estos elementos encuentras en ellas.

Cuando dibujas o pintas, ¿cómo lo haces?, ¿tus obras son figurativas o abstractas?

La obra abstracta *White light,* que puedes ver en esta página, la pintó el artista estadounidense Jackson Pollock. Colocaba el soporte de su obra en el piso y dejaba caer la pintura sobre él utilizando las manos, pinceles o directamente de los botes. Cuando trabajaba su intención era plasmar sus pensamientos y emociones en la obra.

Jackson Pollock (1912-1956), *White light,* 1954, pintura de aceite, esmalte y aluminio sobre tela (122.4 × 96.9 cm).

150 cm

El actor Ed Harris interpreta al pintor Jackson Pollock en una película sobre este artista.

Ahora ustedes crearán una obra abstracta. Pueden utilizar la técnica de Jackson Pollock.

- Primero cierren los ojos y guarden silencio.
- Traten de percibir la emoción que sienten al saber que harán una obra abstracta.
- Imaginen cómo podrían representar esa emoción utilizando los materiales que trajeron a la clase.
- Piensen en las formas y los colores que mejor transmitan su emoción.
- Comenten con sus compañeros y pónganse de acuerdo en cuáles emociones representarán y cómo lo harán.
- Extiendan las cartulinas y los cartones en el piso y péguenlos muy bien con la cinta adhesiva hasta formar un único soporte grande.
- Repártanse alrededor del soporte y con la pintura, la tierra mezclada con agua, el pegamento, la arena y las hojas secas, comiencen a crear su obra abstracta.
- Coloquen los materiales en donde crean que transmiten mejor la emoción que quieren representar.
- Dejen secar perfectamente bien la obra y, si es posible, tómenle una fotografía.

Consulta en:
Para saber más de este contenido, entra al portal Primaria TIC <http://basica.primariatic.sep.gob.mx> En el buscador escribe **figurativo** y **abstracto**.

Ahora, siéntense todos alrededor de su obra y comenten: ¿qué sintieron al trabajar como Jackson Pollock? ¿Les gusta cómo quedó?, ¿por qué? ¿Piensan que la obra está expresando algo?, y en tal caso, ¿qué?

Acabas de explorar lo abstracto. ¿Tu idea sobre abstracción sigue siendo la misma? Revisa la lluvia de ideas escrita en el pizarrón y elabora tu propio concepto. Compártelo con tus compañeros.

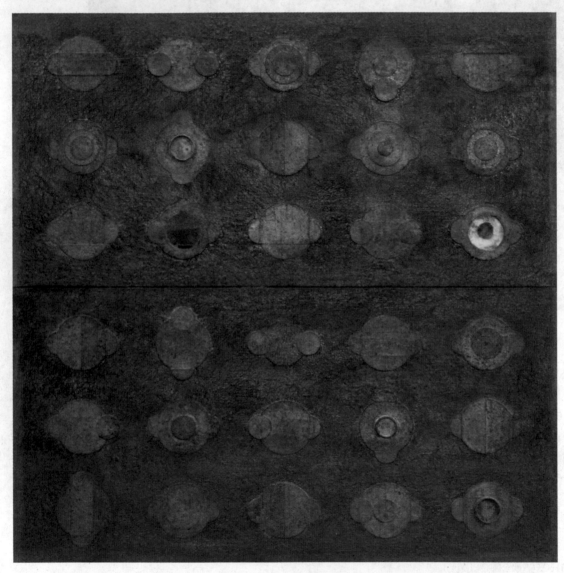

Vicente Rojo (1932), *Carta a Alicia Liddell*, 2008, técnica mixta (180 × 180 cm).

150 cm

Para la siguiente clase...
Haz una investigación acerca de la representación de un baile folclórico o una danza del estado donde vives, tanto de los pasos y los movimientos como de su puesta en escena. Llévala a la clase. También necesitarás la música con que se baila y un reproductor de sonido para el grupo.

Vicente Rojo en su taller.

Los artistas visuales siempre han buscado nuevas maneras de expresarse, ya sea utilizando nuevos materiales o rompiendo las reglas establecidas. A principios del siglo xx algunos de ellos se alejaron de las obras figurativas, es decir, de la representación de seres y objetos. Trataron de dar nuevos valores estéticos a las ideas y al pensamiento y así nació el arte abstracto.

Lección 12 México lindo y querido

Hoy conocerás los elementos básicos de las danzas y bailes de las festividades mexicanas y aprenderás a identificarlos.

Lo que conozco

En tu clase anterior de danza identificaste las características básicas de las danzas y los bailes. ¿Qué otras características serán importantes para la presentación de un baile o danza?

En grupo, analicen las investigaciones que trajeron de casa y seleccionen una que les guste. Aquellos de ustedes que hayan aprendido los pasos del baile escogido serán los maestros de danza. Así, todos conocerán algunos pasos o movimientos de los bailes o danzas de su estado.

Comiencen su clase de danza con una fase de calentamiento, después practiquen la técnica. Recuerden que ésta incluye los pasos y movimientos específicos del baile folclórico elegido. No olviden terminar con un periodo corto de relajación.

Ahora, en grupo y junto con su maestro, analicen los elementos del baile o danza que eligieron y coméntenlos. ¿Cómo es el vestuario?, ¿portan alguna utilería, como

Jarabe tapatío, Gran Ballet de México.

Nombre de la danza
Danza de los fariseos.

Tema
Danza que recuerda la confrontación entre el bien y el mal.

Vestimenta
Calzón triangular (*wisiburka*), sostenido por una faja tejida, cinta en la frente (*koyera*), sandalia rudimentaria de cuero o pies descalzos. Decoración de la piel con motas blancas hechas con pintura vinílica, maquillaje o cualquier sustancia que no dañe la piel.

Utilería
Capullos de mariposa (*tenábaris*) en las pantorrillas, penachos con plumas de guajolote y bastones de madera.

Música
Violines, guitarras, tambores y flautas.

Región
Pueblo rarámuri de la sierra Tarahumara, Chihuahua.

Semana Santa en Chihuahua.

canastas, bastones, jarras, frutas?, ¿bailan con abanicos, rebozos o sombreros? ¿La música es de mariachi, marimba, tambora o de qué otro tipo?

Ahora sabes que el vestuario, la utilería, el peinado y la música son elementos básicos de la danza; cada uno de ellos cumple una función específica para el baile o la danza de cada región.

¿Te gustaría conocer y aprender a bailar una danza de otro estado diferente del tuyo? Seguramente cerca de donde vives hay lugares en los que puedes hacerlo.

Consulta en:
Para saber más de este contenido, entra al portal Primaria TIC <http://basica.primariatic.sep.gob.mx> En el buscador escribe **bailes**.

Lección 13 El secreto está en la clave

En esta lección aprenderás a reconocer auditivamente las notas musicales de la escala mayor y a ubicarlas en el pentagrama.

Lo que conozco

¿Recuerdas cuántas notas musicales hay en la escala modelo de *do* mayor y cuáles son sus nombres?

Las notas de la escala modelo de do mayor tienen los siguientes nombres: *do, re, mi, fa, sol, la* y *si*. Estas siete sílabas representan sonidos de diferentes alturas, es decir, unas notas son graves y otras agudas. No basta que repitas el nombre de las notas para que las conozcas o para entonarlas correctamente, para eso necesitas entrenamiento musical. Si es posible, acude con un músico y pídele que toque en su instrumento las siete notas y que te ayude a entonarlas.

Si tú o alguno de tus compañeros conoce una persona que toque un instrumento musical, invítenla a su salón para que les muestre cómo suenan las siete notas y puedan cantarlas y jugar con ellas, combinándolas de distintas formas para hacer melodías sencillas.

Las notas musicales se escriben en un pentagrama. *Gramma*, en griego, quiere decir línea. Seguramente, por tus clases de matemáticas, sabes cuántos lados tiene un pentágono, entonces, ¿cuántas líneas tiene un pentagrama? Aquí lo tienes:

Orquesta del Centro Nacional de las Artes de Canadá.

Las líneas del pentagrama se cuentan siempre de abajo hacia arriba. También se consideran los espacios que hay entre ellas.

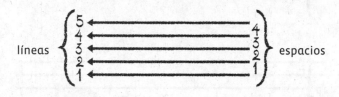

Cinco líneas y cuatro espacios. Hay notas que se escriben sobre las líneas, como puedes ver en el ejemplo.

En este pentagrama repasa la escritura sobre la tercera línea; recuerda que no debes abarcar otras.

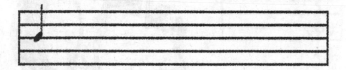

Hay notas que se escriben en los espacios, como éstas que ves aquí.

Dibuja varias notas sobre el segundo espacio, recuerda que tus notas no deben ir más allá de las líneas que forman el espacio.

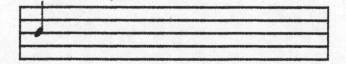

Para descifrar un mensaje secreto y poderlo leer, los investigadores utilizan una clave. También los músicos utilizan claves que les indican el nombre de las notas. Existen tres tipos de claves: sol, fa y do.

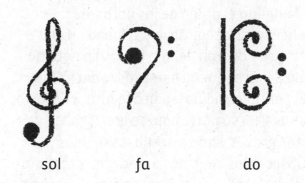

sol   fa   do

La más utilizada, para comenzar a aprender a leer música, es la clave de sol. Siempre se dibuja a partir de la segunda línea. Con tu lápiz completa estas claves de sol para que aprendas a dibujarla.

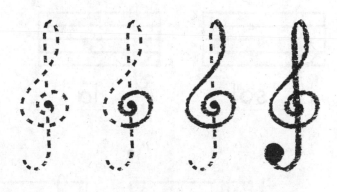

Ahora aprenderás a usar la clave para leer las notas. Como la clave de sol se dibuja en la segunda línea, nos indicará que todas las notas que aparezcan en esa línea se llamarán *sol*.

Siguiendo el orden de las notas ya mencionado seguirán la y si hacia arriba. Y fa, mi, re y do irán debajo de sol. La nota do utiliza una pequeña línea adicional.

El pentagrama nos indica la altura de los sonidos. En su parte baja se escriben las notas graves y hacia arriba las agudas.

Observa los ejemplos anteriores, descubre el nombre de las siguientes notas y colócalo en la línea que está debajo de cada una.

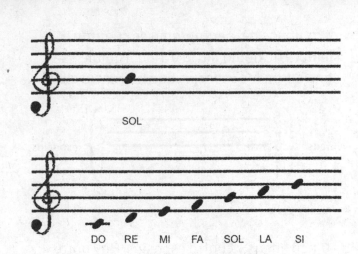

BLOQUE III

sol   la   ___

___   ___   ___

___   ___

Aprender música es como aprender otro idioma; lleva algún tiempo familiarizarse con ella pero al final el resultado de cantar correctamente o de leer una melodía e interpretarla en un instrumento da una gran satisfacción.

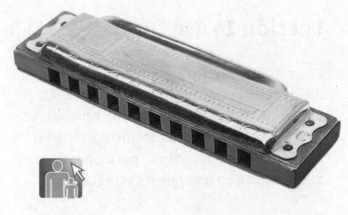

Un dato interesante

Mucha gente asegura que la forma de la clave de sol corresponde a una letra S, pero en realidad se trata de una letra G, ya que en algunos países las notas musicales se representan con letras.

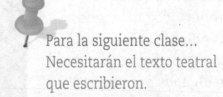

Consulta en:
Para saber más de este contenido, entra al portal Primaria TIC <http://basica.primariatic.sep.gob.mx> En el buscador escribe **notas musicales**.

A en lugar de la,
B en lugar de si,
C en lugar de do,
D para re,

E para la nota mi,
F en el caso de fa y
G para sol.

Para la siguiente clase…
Necesitarán el texto teatral que escribieron.

Un ensayo de la Orquesta Sinfónica Infantil y Juvenil de México.

Lección 14 No fui yo, fue mi personaje

En una obra es muy importante el trabajo de los actores porque es a ellos a quienes vemos y oímos en el teatro. Aquí aprenderás a interpretar un hecho escénico por medio de ejercicios de actuación, participando activamente en una puesta en escena.

Lo que conozco

Cuando eres actor en una obra, ¿haces los mismos gestos que en tu vida cotidiana? ¿Por qué?

Uno de los recursos más importantes del actor es la expresión oral. Al interpretar los diálogos son muy importantes el dominio de la voz y la correcta pronunciación de todas las palabras, las sílabas y los signos de puntuación. En algunas ocasiones los actores, durante su trabajo, utilizan la voz de manera diferente: cuando lloran, susurran o ríen.

Si deseas conocer más obras de teatro busca en la Biblioteca Escolar en la colección Libros del Rincón la obra *El viaje de la tortuga panza rosa* de Élmer Mendoza (México, SEP-H. Ayuntamiento de Culiacán, 2009).

En el teatro la expresión corporal –es decir, los movimientos y los gestos del cuerpo– es un recurso importante, pues transmite características del personaje. Para interpretar correctamente las posturas, los gestos y los movimientos de cada personaje, el actor debe ser un gran observador.

También en el teatro se utilizan recursos musicales. A veces el actor tiene que cantar alguna frase musical o bailar si así lo requieren el personaje y la situación.

El mercader de Venecia.
Actor: Fernando Becerril,
Compañía Nacional
de Teatro, México.

En tus clases de Educación Artística has realizado varias actividades de actuación, desplazamientos, gestos y voz. Ahora reafirmarás tus conocimientos teatrales con un ejercicio de actuación que te servirá como entrenamiento para representar a tu personaje en la obra de teatro. Recuerda que, aunque no pertenezcas al equipo de actores, es importante que practiques esos ejercicios. Así conocerás mejor las características y dificultades de la obra y tendrás un mejor desempeño en la tarea que te haya tocado.

Para comenzar formen un círculo amplio y respiren profundamente. Divídanse en tríos. Dos de ustedes serán profesionistas en busca de trabajo y el otro será el empleador. Pueden ser, por ejemplo, dos médicos que tienen que entrevistarse con el director del hospital, o dos maestras que se entrevistan con el director de la escuela.

Sólo hay un puesto de trabajo, por lo que cada solicitante debe hacer su mejor

esfuerzo para convencer al entrevistador de que es el más apto para ocuparlo.

Al terminar el ejercicio conversen sobre la obra que presentarán al final del año.

Comenten cómo va el avance en las tareas que a cada uno le fueron asignadas. Durante la semana continúen los ensayos y reúnan los elementos de escenografía, utilería y vestuario que utilizarán en su puesta en escena.

La acción y la palabra son cuestiones importantes para la interpretación de un personaje. Además, para que el actor pueda representar correctamente a su personaje, debe tratar de entender no sólo sus características físicas, sino también su personalidad.

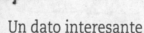

Un dato interesante

Las mujeres comenzaron a participar en el teatro en el siglo XVII. Anteriormente sólo los hombres podían ser actores y ellos también representaban los papeles femeninos. Hoy las mujeres actúan, diseñan escenografías y dirigen obras de teatro.

¿Te gustan las imágenes que te presentamos en esta página y en la siguiente? ¿Por qué? Como puedes observar, una es abstracta y otra figurativa. En esta lección crearás una historia fantástica a partir de ellas.

- En equipos, observen bien las obras que están en esta lección e imaginen que la mujer de la imagen *La deidad dice* ha salido del lugar que habita para entrar en la imagen *Paisaje de Papantla*. ¿Por qué habrá salido? ¿Con qué se habrá encontrado en ese espacio? ¿Regresará?

150 cm

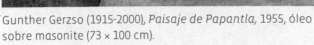

Gunther Gerzso (1915-2000), *Paisaje de Papantla,* 1955, óleo sobre masonite (73 × 100 cm).

- A partir de las preguntas inventen una historia. Propongan una actriz y un narrador por equipo.
- El narrador contará la historia y la actriz la interpretará utilizando uno o más de los ejercicios de voz que realizaron en teatro: cantar, susurrar, llorar, reír o incluso ¡hablar un idioma extraño!

- Presenten por equipos su historia y observen que hicieron distintas versiones e interpretaciones de las obras de André Rouillard y Gunther Gerzso.
- Al finalizar comenten su experiencia en grupo.

Algunos artistas mezclan distintos lenguajes artísticos para expresar sus ideas.

Para la siguiente clase... Necesitarás materiales diversos para hacer una escultura con la técnica que más te guste.

André Rouillard, *La deidad dice*, 1986, acrílico sobre tela (formato digital).

Bloque IV

Lección 15 Figúrate una escultura

En esta lección diferenciarás la figuración y la abstracción en representaciones tridimensionales.

Mirón de Eleuteras (480-440 a. C.), *El discóbolo*, alrededor de 455 a. C., escultura en mármol (169 × 105 cm).

Ron Mueck, (1958-) *Niño agachado,* 2006, escultura en fibra de vidrio, silicón y resina, (5 m de altura), Museo Aarhus Kunstmuseum, Dinamarca.

Yvonne Domenge (1946), *Circontinuo*, 2004, escultura monumental, acero al carbón.

Lo que conozco

En la lección anterior de artes visuales aprendiste a diferenciar lo figurativo de lo abstracto en imágenes bidimensionales. ¿Existirán estas diferencias en las representaciones tridimensionales?

150 cm

Tiburcio Ortiz (1945), *Mixteca*, 1995, talla en mármol (55 × 92 × 75 cm).

En las esculturas abstractas el artista no intenta representar la realidad, sino una idea, un concepto o una sensación. En las esculturas figurativas prevalecen los elementos de la realidad. En ambos casos el artista explora materiales, formas, texturas y colores.

Observa las imágenes y coméntalas con tus compañeros. ¿Puedes distinguir las representaciones figurativas de las abstractas? En las que consideras abstractas, ¿reconoces figuras?

Ahora, elige un tema y elabora, individualmente o en grupos, esculturas figurativas o abstractas, con la técnica que prefieras. Al final de esta actividad, analicen las obras, compárenlas y coméntenlas en grupo.

Escribe tus propias conclusiones.

_____

_____

_____

_____

Las esculturas provocan un gran impacto visual. En tu comunidad seguramente habrá alguna escultura pública; obsérvala, reflexiona y comenta tus impresiones con quien quieras.

Cuando nos enfrentamos a una obra, ya sea para observarla o para hacerla, tenemos lo que se llama una experiencia estética, una experiencia que nos emociona, y ésta es una de las actividades más interesantes. Por eso no hay que perder ninguna oportunidad de ver y disfrutar las obras de arte.

Para la siguiente clase…
Necesitarás música tradicional mexicana y un reproductor de sonido para el grupo.

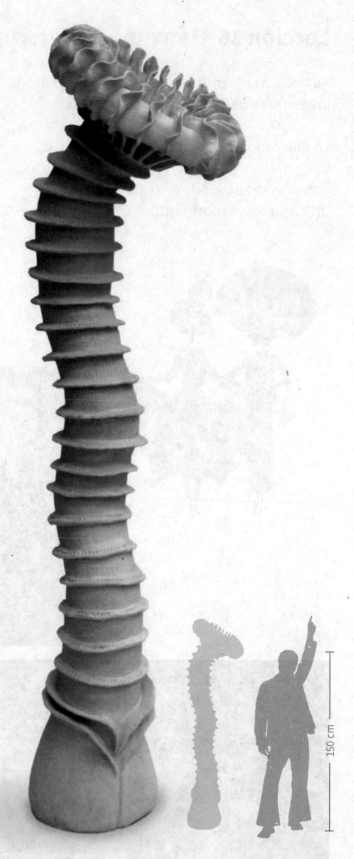

Maribel Portela (1960),
Palmaeformis detractora, 2008,
barro y engobe (170 × 47 × 47 cm).

150 cm

Lección 16 Danzas y bailes: riqueza en movimiento

Aprenderás a identificar las características de las danzas y de los bailes de nuestro país.

Lo que conozco

Comenten en grupo: ¿qué saben de las danzas y los bailes de su región y en qué festividades se representan?

Los bailes folclóricos de nuestro país surgen del mestizaje. Desde que los españoles llegaron al territorio que hoy es México empezó un proceso de mestizaje que no se ha detenido. La enorme diversidad y riqueza cultural de nuestro país incluye los bailes que trajeron personas que por diversos motivos vinieron de otros países (europeos, africanos y asiáticos) y se arraigaron en México. Son ejemplos de estos bailes las seguidillas y la jota de España; el chotis y la polca de Bohemia; el vals de Austria; la cuadrilla de Francia, y el son de Cuba.

Danza de la purificación, Chiapas.

Danza de los concheros, Ballet Folclórico de México.

A los bailes folclóricos también se les llama regionales, pues se clasifican por regiones culturales. En ellas se crean distintos estilos como jarabes, zapateados y jaranas, entre otros.

Los pasos y las evoluciones corporales de los bailes sufren transformaciones a lo largo del tiempo. Sin embargo, actualmente algunos grupos o compañías de danza tratan de rescatar y preservar su originalidad.

Polca norteña, Saltillo, Coahuila.

La sandunga, Juchitán, Oaxaca.

Las danzas de los pueblos originarios, también conocidas como **danzas autóctonas**, pueden ser rituales o religiosas y estar, por ejemplo, dedicadas a una deidad o a propiciar que haya buenas cosechas y salud, pero siempre representan las creencias y formas de vida de nuestros antepasados y han perdurado a lo largo del tiempo gracias a que se transmiten de generación en generación.

- Si alguno de ustedes sabe un baile folclórico o una danza, éste es el mejor momento para que lo comparta con los demás.

- ¡Todos bailen!, utilicen la música que trajeron.
- Si nadie recuerda un baile, pueden pedir ayuda a algún maestro de su escuela o a un padre de familia, invitándolos a compartir esta lección.

Es importante que aprendas a interpretar algún baile o danza de tu región y que conozcas sus orígenes para que no desaparezca.

Hasta ahora has identificado algunas características de los bailes y las danzas. En la próxima lección de danza verás los distintos elementos que los componen.

En alguna oportunidad que tengas, observa las danzas y los bailes que se representan en tu comunidad.

Consulta en:
Para saber más de este contenido, entra al portal Primaria TIC <http://basica.primariatic.sep.gob.mx> En el buscador escribe **danza**.

Para la siguiente clase...
Necesitarás música (preferentemente de orquesta), tijeras, cinta adhesiva y cartulina.

Baile de las chinas oaxaqueñas durante la Calenda, Valles Centrales, Oaxaca.

Lección 17 Aerófono, idiófono... ¡Lotería!

Durante esta lección reconocerás auditivamente algunos instrumentos musicales pertenecientes a diversas familias.

Lo que conozco

¿Cuál es la cualidad del sonido que te ayuda a diferenciar los instrumentos musicales?

Fragmento del *Códice Borgia* (8.8 × 9 cm).

150 cm

Mural de los músicos (fragmento), aproximadamente años 800-850, pintura sobre estuco, Bonampak, Chiapas (105 × 121 cm).

150 cm

Existe una inmensa variedad de instrumentos musicales. Están aquellos que se conocen en todo el mundo porque se usan en las grandes orquestas o en las agrupaciones populares famosas. También hay una cantidad enorme de instrumentos propios de cada región.

A lo largo de la historia ha existido una larga lista de instrumentos musicales, que ya usaban las primeras civilizaciones y los más antiguos grupos humanos.

¿Cómo imaginas que puede clasificarse esta incontable cantidad de instrumentos? Podría hacerse una clasificación por el material del que están hechos o por la forma en que se tocan. ¿Cómo clasificarías los instrumentos musicales?

Recuerda que existe una clasificación que divide los instrumentos por la forma en que producen el sonido, es decir, por las vibraciones; distingue los siguientes grupos o familias:

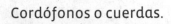

Idiófonos. A este grupo pertenecen los instrumentos que vibran al percutirlos y así crean sonido. Todo el instrumento vibra, incluso el güiro o el triángulo.

Cordófonos o cuerdas. Estos instrumentos son muy populares y producen su sonido al hacer vibrar una o varias cuerdas, como los violines, las mandolinas y las guitarras.

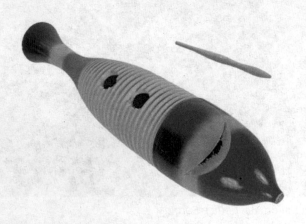

Membranófonos. En estos instrumentos el sonido se genera al golpear una membrana o parche puestos en tensión. Son instrumentos que existen desde épocas muy antiguas. Ejemplos actuales son los tambores y los timbales.

Aerófonos. También llamados alientos o instrumentos de viento. Producen sonido al pasar aire a través de un cuerpo, que generalmente es un tubo con varias perforaciones. Entre ellos están las flautas, los clarinetes, las trompetas y los trombones.

Piensa en ejemplos de cada familia y dibújalos en una cartulina, escribe su nombre debajo de cada uno, recórtalos y ponles un pedazo de cinta adhesiva en la parte de atrás.

En el pizarrón o en un papel de gran tamaño, marca junto con tus compañeros cuatro columnas y en cada una de ellas escribe el nombre de una familia o grupo de instrumentos.

Después, cada uno irá pasando al frente, mostrará los instrumentos que dibujó, y comentará en qué columna desea colocarlos y por qué. Antes de pegarlos pueden comentar si están de acuerdo o no con la clasificación que hizo su compañero. Una vez que todos estén de acuerdo, él pegará sus instrumentos. No importa que algunos repitan algún instrumento.

Ahora, un juego rápido para todos: ¡Lotería musical! En una hoja marquen las columnas de las cuatro familias de instrumentos.

Escuchen una grabación de una obra musical donde se aprecien muchos instrumentos, de preferencia una pieza interpretada por una gran orquesta. Anoten los instrumentos que identifiquen en la columna que les corresponda. El primero que junte dos de cada familia gritará "¡Lotería musical!" y continuarán jugando hasta que todos completen su lotería. Comprueben, junto con su maestro, que sus resultados sean correctos y procedan a escuchar otra pieza. Pueden llevar a cabo este juego con grabaciones de *El carnaval de los animales*, del compositor francés Camille Saint-Saëns (1835-1921) o *Sensemayá*, del mexicano Silvestre Revueltas (1899-1940).

¿Alguna vez has dejado de escuchar tu música favorita? Hazlo esta semana y aprovecha para conocer otros géneros. Hay música que nos divierte, que nos hace pensar o nos sirve para enamorar; hay otra que nos acompaña cuando estamos tristes o nos invita a estar en contacto con la naturaleza.

¡Tú puedes escuchar y disfrutar muchos tipos de música durante toda tu vida! Preferir un tipo o género no implica rechazar otro.

La próxima clase entrega a tu maestro una hoja donde describas tus experiencias con un género de música que no conocías.

Músicos en el carnaval Chamula, Chiapas.

Consulta en:
Para saber más de este contenido, entra al portal Primaria TIC <http://basica.primariatic.sep.gob.mx> En el buscador escribe **instrumentos**.

Para la siguiente clase…
Necesitarás el texto final de tu obra de teatro.

Un director de orquesta debe conocer el funcionamiento de todos los instrumentos musicales y tocar varios de ellos.

Un dato interesante
En 1950 el compositor estadounidense Leroy Anderson (1908-1975) creó la obra sinfónica *La máquina de escribir*, en la que la parte solista se ejecuta en una máquina de escribir. ¿En qué familia musical ubicarías este aparato?

Lección 18 En el trazo me desplazo

Aquí aprenderás a valorar la importancia de los diferentes papeles en la representación teatral.

Lo que conozco

¿Qué es lo que más te gusta del teatro?

El escenario es el lugar donde se mantiene la atención del público. Los ojos de los espectadores estarán puestos ahí, esperando que todo suceda: actuación, música, escenografía, iluminación... magia. Por ello es importante planear con anticipación cómo ocuparán los actores el escenario y qué tareas realizarán todos los miembros del equipo teatral.

Para preparar su obra es importante que cada actor sepa cuántas veces entra al escenario, cuánto tiempo permanece ahí, cuándo debe salir de éste y cuál será su trayectoria en él. A estos desplazamientos se les llama *trazos escénicos*. Durante un ensayo es necesario que todos los actores entiendan cuál es su trazo escénico.

Salgan al patio y dibujen un escenario.

Cada actor deberá trazar su trayectoria. En ella apuntará lo siguiente: ¿por dónde entrará? ¿Dónde se ubicará en el escenario? ¿En qué zonas ocupará qué objetos? ¿Con quién se encontrará? ¿Dónde estará ubicado cuando termine la escena o por dónde saldrá del escenario? Si entra más de una vez, deberá hacer un trazo escénico para cada ocasión.

Una vez que tengan su trayectoria, pasen al escenario a ensayarla, primero uno por uno, después todos los actores que participan en cada escena. Recuerden caracterizar la manera de caminar de sus personajes, sus posturas y sus gestos.

Consulten con el director de la obra si ésa es la mejor trayectoria y si considera que están expresando el carácter de sus personajes en su desplazamiento.

Al finalizar, comenten sus opiniones sobre los avances de la obra y los retos que aún tienen que resolver. Si interpretas a un personaje, pregunta a tus compañeros en qué partes de tu expresión oral y corporal tienes que mejorar.

Durante la semana, investiga cómo hacen teatro en el lugar donde vives.

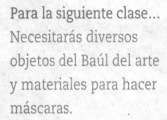

Para la siguiente clase…
Necesitarás diversos objetos del Baúl del arte y materiales para hacer máscaras.

Un dato interesante
Se cuenta que Demóstenes, durante su juventud, era tartamudo. En sus primeros discursos recibió muchas críticas e incluso burlas porque era difícil entenderle. Sin embargo, con disciplina mejoró su dicción, su voz y sus gestos hasta convertirse en el más destacado orador de la antigua Grecia.

En varios países se realizan carnavales. La gente se organiza para crear un recorrido festivo por las calles y elaborar vestuarios, máscaras, carros alegóricos, coreografías y música que se utilizan en la celebración. En México se organizan en estados como Veracruz y Tabasco.

Para cerrar este bloque participarán en un carnaval, el tema será "los personajes fantásticos".

- Dividan el grupo en tres equipos.
- Comenten en equipo qué personajes fantásticos conocen y elijan cuáles representarán en el carnaval.
- El primer equipo diseñará una secuencia dancística para el recorrido, con los elementos que ya conocen. ¿Cómo te imaginas que bailan esos personajes?
- El segundo equipo elaborará las máscaras, los antifaces y los accesorios

de los personajes que eligieron, así como la decoración de los lugares por donde pasará el carnaval.
- El tercer equipo tocará música con instrumentos de diferentes familias elaborados por ustedes.
- Si lo desean, pueden diseñar invitaciones o carteles para la comunidad escolar.
- Cuando estén listas la música y la secuencia dancística, colóquense las máscaras o los antifaces y den inicio al recorrido. Los carnavales tienen un ambiente festivo y de alegría; inviten a sus compañeros a bailar con ustedes.

El arte aglutina y representa ideas, épocas, ideologías y creencias. Sirve para expresar todo eso y mucho más. Recuerda que necesitas imaginación para crear obras artísticas originales y disciplina para perfeccionar tus habilidades.

Para la siguiente clase...
Necesitarás objetos y materiales del Baúl del arte que puedas emplear para elaborar esculturas o pinturas. Elige la técnica y los materiales que más te gusten.

Festival Xantolo, carnaval de Veracruz.

Bloque V

Lección 19 Lo siento, lo veo y lo expreso

Aquí apreciarás y expresarás ideas a partir de imágenes y representaciones bidimensionales o tridimensionales, figurativas o abstractas.

Lo que conozco

En tus trabajos de artes plásticas, ¿cómo te expresas mejor?, ¿por medio del dibujo, la pintura o la escultura? ¿Consideras que por medio del arte abstracto puedes expresar emociones?, ¿por qué?

Ahora ya conoces las diferencias que hay entre las imágenes bidimensionales y las representaciones tridimensionales, y también que éstas pueden ser abstractas o figurativas.

Recuerda que los artistas siempre realizan su obra con una intención. Antes de comenzar a trabajar ellos se preguntan ¿qué quiero transmitir?, ¿cómo lo voy a transmitir? Ahora tú harás exactamente eso.

Si deseas conocer obras de destacados pintores busca en la Biblioteca Escolar en la colección Libros del Rincón, la obra *Pintores mexicanos de la A a la Z*, de Gabriela Olmos (México, SEP-Artes de México, 2007).

150 cm

Pintura anónima mexicana, *Puesto en el mercado* (ca. 1780-1790), óleo sobre tela (195.5 × 248.5 cm).

El tema que les proponemos es el mercado. Seguramente en el lugar donde viven hay uno y lo conocen. Si quieren, pueden elegir otro tema, siempre y cuando todos estén de acuerdo. Ahora, piensen cómo quieren representarlo. Elijan los materiales necesarios y piensen en las técnicas que utilizarán. Se trata de que elaboren individualmente una imagen bidimensional o una tridimensional. Recuerden que, además, pueden elegir que ésta sea figurativa o abstracta.

Una vez terminados los trabajos, cuélguenlos de los muros de su salón u organicen otra manera de apreciarlos. Ahora, todos observarán las obras de los demás. Coméntenlas pensando en las siguientes preguntas, entre muchas otras que se les ocurrirán: ¿qué formas predominan, las abstractas o las figurativas?, ¿encuentran relaciones entre unas y otras? ¿Qué mensajes habrán querido transmitir? ¿Qué elementos visuales son más frecuentes en ellas? ¿Estás satisfecho con tu trabajo? ¿Por qué?

El arte está presente en nuestra vida y nos ayuda a comprender y a conocer mejor a la humanidad y todo lo que nos rodea. Sin embargo, recuerda que cada individuo reacciona ante el arte de manera particular, de acuerdo con su edad, experiencia, sensibilidad y conocimiento. Por eso, hacer o ver arte es un ejercicio de libertad.

Consulta en:
Para saber más de este contenido, entra al portal Primaria TIC <http://basica.primariatic.sep.gob.mx> En el buscador escribe **artes plásticas**.

Para la siguiente clase…
Necesitarás música tradicional mexicana y un reproductor de sonido para el grupo.

Frida Kahlo (1907-1954), *Naturaleza muerta*, 1942, óleo sobre lámina (66 cm de diámetro).

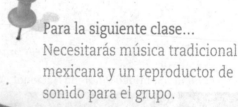

150 cm

Lección 20 La región desconocida

Aprenderás a interpretar un baile folclórico de alguna región mexicana.

Lo que conozco

Ya conoces las danzas y bailes de tu región. ¿Qué las hace distintas de las danzas de otras regiones?

El conocimiento de las danzas y los bailes de México no sólo se transmite de generación en generación, también se conserva gracias a la investigación especializada de maestros, coreógrafos e historiadores de la danza que estudian y recopilan los elementos culturales y artísticos de cada región. Ellos trabajan para preservar el acervo cultural de nuestro país.

Sones y chilenas, Santiago Pinotepa Nacional, Oaxaca.

- De la música que hayan traído, seleccionen una pieza para la danza o baile.
- Analicen las características y los elementos que contiene la danza y los que son propios de la región que eligieron. Realicen una interpretación dancística libre.
- Pongan en práctica lo aprendido en las lecciones anteriores y pidan apoyo para enriquecer su trabajo.
- Recuerden usar todos los elementos de la danza que han aprendido, como niveles corporales, equilibrio y posturas.

- Bailen usando la imaginación, siempre pensando que el objetivo es comunicar algo a través del movimiento. Pueden emplear materiales del Baúl del arte que funcionarán como utilería.

¿Qué niveles y tipos de movimientos practicaron? ¿Utilizaron diversas posturas? ¿Cuáles?

Aprovecha la oportunidad de ver presentaciones de grupos de danza, compañías o cofradías que se presenten en tu comunidad.

Consulta en:

Para saber más de este contenido, entra al portal Primaria TIC <http://basica.primariatic.sep.gob.mx> En el buscador escribe **música tradicional mexicana**.

Para la siguiente clase… Necesitarás una grabación de alguna canción que te guste, un reproductor de sonido para el grupo y diversos objetos del Baúl del arte que puedan percutirse o funcionar como idiófonos.

Lección 21 La vida es mejor cantando

En esta lección vas a interpretar piezas musicales en ensamble.

Lo que conozco

¿Recuerdas cuáles son las características de los idiófonos y cotidiáfonos?

¿Cómo está hecha una canción? Muchas canciones tienen la siguiente estructura:

- Comienzan con una breve introducción en la que suele escucharse la melodía principal tocada sólo por instrumentos y sin voz.

- Luego comienza la letra cantada. Esta sección es conocida como *verso*.
- Sigue la melodía principal con la parte más importante de la letra. El acompañamiento instrumental es mayor. En música, a esta parte se le conoce como *estribillo* o *coro*.
- Aparece otro verso con letra distinta de la del primero.
- Se repite el estribillo exactamente igual que la primera vez, incluso con la misma letra.
- Cierra o termina la canción.

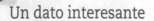

Un dato interesante

En el siglo XIX el compositor alemán Félix Mendelssohn (1809-1847) escribió varias piezas para piano a las que llamó *Canciones sin palabras*, en las que no utiliza la voz humana. ¿Imaginas cómo suena una obra como ésta?

Elijan una canción que le agrade a la mayoría del grupo, escúchenla en una grabación e identifiquen cada una de sus partes. Detengan el reproductor cada vez que sea necesario para que hagan comentarios y opinen. Recuerden que siempre resultará más emocionante y enriquecedor si consiguen que alguien que sepa tocar un instrumento asista a su salón de clases para cantar y tocar en vivo. No es necesario que sea un músico profesional; muchos maestros o alguno de tus familiares posiblemente tiene conocimientos musicales y pueden ayudarlos.

Una vez que hayan identificado todas las partes de la canción, dispónganse a acompañarla. En lecciones anteriores han aprendido cómo entonar mejor una melodía y cómo acompañar rítmicamente una canción. Bien, pues hagan lo mismo: algunos de ustedes canten y otros acompañen con sus palmas, con instrumentos de percusión o con objetos del Baúl del arte que funcionen como idiófonos. Cuando varios músicos se reúnen a tocar o a cantar juntos una o varias piezas se dice que están formando un ensamble.

Ensayen un par de veces y después anímense a tocar la canción sin la ayuda de la grabación. Recuerden que es muy agradable dejarse llevar por la música y disfrutarla, pero jamás dejen de escuchar a

Consulta en:
Para saber más de este contenido, entra al portal Primaria TIC <http://basica.primariatic.sep.gob.mx> En el buscador escribe **taller de música**.

sus compañeros ni de poner toda la atención posible con su oído para no equivocarse. No se confíen ni comiencen a gritar. Su oído siempre debe estar atento.

Cuando terminen de tocar su ensamble es importante que comenten en grupo las siguientes preguntas:

- ¿Consideran que algunos géneros son más importantes que otros? ¿Por qué?
- ¿Piensan que pueden preferir varios géneros musicales a la vez o que es mejor escuchar sólo uno?

En la siguiente clase entrega a tu maestro, en una hoja con tu nombre, tus reflexiones acerca de las preguntas anteriores y sobre estas otras:

- ¿Conoces el género al que pertenece tu canción favorita? ¿Cuál es?
- ¿Sólo la música que tocan las grandes orquestas sinfónicas es artística? ¿Por qué?
- ¿Te gustaría dedicar tu vida a tocar un instrumento o a componer música?

Los compositores conocen muy bien la estructura de muchas formas musicales, no sólo de las canciones; por ejemplo, la sinfonía, la sonata, la obertura, la marcha y piezas para bailar. Ellos comienzan a estudiar música desde muy jóvenes.

Lección 22 Por el mundo a bordo de un teatro

Todos tenemos diferentes intereses. Aquí aprenderás a comunicarlos a través de la experiencia escénica.

Lo que conozco

¿De qué manera la cultura de un lugar o región influye en las obras de teatro que se crean ahí?

El teatro forma parte de la cultura de un país. Las tradiciones, ideas y formas de ver la vida de los pueblos influyen en la manera de hacer teatro porque en cada región se expresan elementos particulares de sus vivencias.

En Praga, por ejemplo, el teatro negro es muy popular. Se caracteriza por utilizar una caja negra, es decir, todo el escenario es negro, pero los vestuarios de los personajes y algunos elementos de utilería, sobre todo aquellas cosas que quieren resaltarse, son muy brillantes.

El teatro negro puede representarse con actores o con títeres y siempre causa gran admiración.

En nuestro país hay muchas compañías y grupos de teatro que utilizan elementos innovadores. Algunos han incorporado elementos del circo, con actores que hacen acrobacias en el aire.

En la escenografía existen muchos recursos nuevos, como la proyección de imágenes sobre pantallas.

El teatro ha cambiado a través del tiempo y seguramente seguirá cambiando al incorporar elementos derivados de las nuevas tecnologías.

Las aventuras de Fausto,
Teatro Jorge Isaacs, Cali, Colombia.

Comenta con tus compañeros: ¿cómo se hace teatro en el lugar dónde vives? ¿Hay alguna compañía? ¿Dónde estudiaron las personas que hacen teatro?

Retomen el trabajo para la realización y puesta en escena de su obra final. Organicen los detalles que les faltan.

Existen algunos elementos que apoyan la difusión de su obra al público.

Elaboren una invitación (tarjeta o volante) o un cartel con información básica: el título de la obra y unas breves líneas donde digan de qué trata, el lugar y la fecha de la presentación. Incluyan imágenes atractivas que ilustren la obra y que atraigan la atención del público.

También pueden hacer un programa de mano con la información anterior y los créditos, es decir, los nombres de todos los que hicieron posible la obra: el director, los actores, los escenógrafos, los vestuaristas, etcétera. Éste se reparte al público antes de la presentación de la obra.

En las lecciones de teatro pueden darse cuenta de todo lo que hay detrás de una puesta en escena. La difusión es un aspecto muy importante que no hay que olvidar, ya que hará que el público asista.

Ahora que tienen todos los elementos pónganse de acuerdo con su maestro y elijan una fecha para presentar su obra ante la comunidad escolar.

El día de la presentación lleguen dos horas antes. Preparen la escenografía, vístanse como sus personajes y hagan ejercicios de respiración.

Antes de comenzar, no olviden dar los tres avisos:

- Primera llamada, primera.
- Segunda llamada, segunda.
- Tercera llamada, ¡comenzamos!

Muerte en Venecia, con la Compañía Nacional de Ópera de México.

Desde la antigüedad la fabricación de instrumentos musicales ha sido un trabajo que requiere de muchas habilidades. Actualmente se le llama **laudero** a la persona que construye instrumentos musicales. Esta palabra proviene de un cordófono de origen árabe llamado laúd, que se introdujo en España en la Edad Media, durante la ocupación árabe.

Salvador Soto es un laudero mexicano que construye instrumentos medievales y renacentistas.

Observa la ilustración y comenta con tus compañeros a qué familia de instrumentos pertenecen, de qué material piensas que están hechos y cómo imaginas que es su sonido.

Estos instrumentos acompañaban las danzas medievales más populares en Europa.

Comenta con tus compañeros acerca de los instrumentos que se usan en tu región. ¿Qué tipo de instrumentos son?, ¿qué peculiaridades tienen?

En grados anteriores construiste varios instrumentos musicales de diversas familias; en esta lección inventarás uno.

Imagina que eres un constructor de instrumentos, como el laudero, y que tienes la oportunidad de combinar características de las diversas familias de instrumentos para crear uno imaginario y representarlo con sonidos y movimientos de tu cuerpo. Por ejemplo, ¿qué pasaría si tu brazo vibrara como una cuerda y tu abdomen fuera como un tambor? ¿Cómo crees que sonarían?

Cuando hayas creado tu instrumento forma equipos con tus compañeros. Cada equipo se convertirá en una orquesta, que creará un ritmo combinando sus instrumentos corporales.

Al final, cada equipo se presentará ante el grupo. Comenta tu experiencia, ¿consideras que los instrumentos que crearon podrían construirse?

Bibliografía

Aguilar, Nora, *Improvisation*, Pittsburgh, Universidad de Pittsburgh Press, 1988.

Anholt, Laurence, *Camille y los girasoles*, Barcelona, Serres, 1995.

——, *Degas y la pequeña bailarina*, Barcelona, Serres, 1996.

Aristóteles, *Poética*, Madrid, Gredos, 1992.

Ball, Philip, *La invención del color*, Madrid, Turner, 2004.

Baqueiro Foster, Gerónimo, *Curso completo de solfeo*, tomo I, México, Ricordi, 1995.

Blom, Lynne Anne y L. Tarin Chaplin, *The Moment of Movement. Mance Improvisation*, Pittsburgh, University Pittsburgh Press, 1988.

Brecht, Bertolt, *Escritos sobre teatro*, Barcelona, Alba, 2004.

Cañas, José, *Didáctica de la expresión dramática: una aproximación a la dinámica teatral en el aula*, Barcelona, Octaedro, 1992.

Casado, Jesús y Rafael Portillo, *Abecedario del teatro*, Sevilla, Centro de Documentación de las Artes Escénicas de Andalucía, 1992.

Cataño, Fernando y Gustavo Catillo Paz, *Temas de cultura musical*, México, Trillas, 1979.

Cervera, Juan, *Historia crítica del teatro infantil español*, Madrid, Editora Nacional, 1982.

Dallal, Alberto, *Cómo acercarse a la danza*, México, SEP-Plaza y Valdés-Gobierno del estado de Querétaro, 1988.

——, *La danza contra la muerte*, México, UNAM, 1979.

García Moncada, Francisco, *Teoría de la música*, México, Ricordi, 1995.

Grotowski, Jerzy, *Hacia un teatro pobre*, Madrid, Siglo XXI, 1981.

Holm, Annika, *Antón y los dragones*, Barcelona, Serres, 2001.

Hormigón, Juan Antonio, *Trabajo dramatúrgico y puesta en escena*, Madrid, Asociación de directores de escena, 2003.

Instituto Cubano del Libro, *Para hacer teatro*, Caracas, El perro y la rana, 2006.

Kandinsky, Wassily, *Punto y línea sobre el plano*, México, Colofón, 2007.

Kidd, Richard, *Daisy quiere ser famosa*, Barcelona, Serres, 2001.

Llovet, Jordi, *Ideología y metodología del diseño*, Barcelona, Gustavo Gili, 1981.

Nietzsche, Friedrich, *El nacimiento de la tragedia*, Madrid, Alianza, 2004.

Oliveto, Mercedes y Dalia Zylberberg, *Movimiento, juego y comunicación. Perspectivas de expresión corporal para niños*, Buenos Aires, Noveduc, 2005.

Créditos iconográficos

p. 10 (Fotografía) Bernardo Cid Nieto, *Arlequines en carnaval,* Feria del Palenque de León, Guanajuato, 2005; Christa Cowrie, *Giselle, sí es él,* Teatro en movimiento, Alicia Sánchez y compañía, 2006.

p. 12 (Reproducción de obra plástica) Georges-Pierre Seurat (1859-1891), *Tiempo gris,* 1888, óleo sobre lienzo, puntillismo, (81 × 65 cm), ©Other Images.

p. 13 (Fotografía) Martha Cristina Anguiano Rivera, *Libro,* 2010; *Llanta,* 2010. (Reproducciones de obra plástica) Helen Escobedo (1934-2010), *Biblioteca pétrea,* 2005, lajas de piedra, medidas varias, en Tlayacapan, Morelos, construye una casa de adobes hechos *in situ,* con la idea de crear en su gran entorno un parque de instalaciones escultóricas, fotografía de Bob Schalkwijk; Betsabeé Romero (1963), *Aliento para rodar,* 1997, rosas secas en la rueda de un coche, 60 cm (diámetro) × 19 cm.

p. 14 (Fotografía) Fernando Gutiérrez Juárez, *Acuarela potosina,* Ballet Folclórico Potosino, 2004; *Danza de la purificación,* capellanes de la comunidad de San Juan Chamula, Chiapas, 2006.

p. 15 (Fotografía) Salatiel Barragán Santos, *Danza huasteca nahua,* Chiconamel, Veracruz.

p. 16 (Fotografía) Salatiel Barragán Santos, *Jarana yucateca,* Mérida, Yucatán.

p. 18 (Reproducción de obra plástica) Pablo Picasso (1881-1973), *Los tres músicos* (1921), óleo sobre tela, 71 × 57 cm, ©Other Images.

p. 19 (Reproducción de obra plástica) Juan José Montans (1955), *Serie los músicos, núm.* 6 (2008), óleo sobre tela, 80 × 60 cm.

p. 20 (Fotografía) Daniel González Moreno, Festival de música y ecología de Valle de Bravo, Coro de la Orquesta Sinfónica del Estado de México, 2008.

p. 21 (Fotografía) Fernando Gutiérrez Juárez, *Don Quijote,* Compañía Nacional de Teatro, 2005.

p. 24 (Fotografía) Daniel González Moreno, Danza de moros y cristianos, de la ópera *Tata Vasco,* Ballet Folclórico de México, 2010.

p. 28 (Fotografía) Francisco Palma Lagunas, *Jaraneros,* fiesta de La Candelaria, Tlacotalpan, Veracruz.

p. 29 (Fotografía) Francisco Palma Lagunas, *Pirámide de los nichos,* Tajín, Veracruz; *Señora preparando bupu* (bebida de cacao), Tlacotalpan, Veracruz.

p. 32 (Reproducción de obra plástica) Juan Soriano (1920-2006), *Pájaro XIX* (1992), escultura en bronce, 210 × 235 × 110 cm, Paseo de la Reforma, México, ©Latinstock; Auguste Rodin (1840 -1917), *La catedral* (1908), escultura en mármol, 55 × 125 × 6 cm, Museo Rodin, París, ©Other Images.

p. 33 (Reproducción de obra plástica) Pedro Ramírez Vázquez y Gonzalo Ramírez del Sordo, remodelado por Abraham Zabludovsky y Teodoro González de León, Auditorio Nacional, ciudad de México, fotografía de Raúl Barajas/Archivo Iconográfico DGMIE-SEP.

p. 34 (Fotografía) Salatiel Barragán Santos, *Danza en Yahualica,* estado de Hidalgo.

p. 37-38 Partituras del Himno Nacional Mexicano, Biblioteca de la Escuela Nacional de Música, UNAM.

p. 40 (Fotografía) Bernardo Cid Nieto, *Jungla,* compañía Cirque Dreams Illumination, 2004.

p. 43 (Fotografía) Fernando Gutiérrez Juárez, *La partícula zoológica,* compañía Pilobolus Dance Theater, 2008.

p. 44 (Fotografía) Christa Cowrie, *Rosa de hierro,* compañía de danza tándem, intérpretes: Adolfo Chávez, Xanath Bautista, Manuel Márquez y Emir Meza, 2006, Fototeca digital CENIDI Danza José Limón, Fondo Christa Cowrie.

p. 48 (Reproducción de obra plástica) Pablo Picasso (1881-1973), *Interpretación de la metamorfosis de un toro, estilización y síntesis* (1945-1946), técnicas mixtas, diferentes medidas, entre 45 y 30 cm, Fundación Picasso, Málaga, ©Other Images.

p. 49 (Reproducción de obra plástica) Piet Mondrian (1872-1944), *Composición con rojo, amarillo y azul* (1921), óleo sobre tela, 35 × 39 cm, ©Latinstock; Pablo Serrano (1974), *Camila* (2005), óleo sobre tela, 80 × 100 cm.

p. 50 (Reproducción de obra plástica), Jackson Pollock (1912-1956), *White Light,* 1954, pintura de aceite, esmalte y aluminio sobre tela, 122.4 × 96.9 cm, Museo de Arte Moderno de Nueva York, fotografía ©Other Images.

p. 51 (Fotografía) Película: *Pollock,* año 2000, actor y director Ed Harris, ©Other Images.

p. 52 (Reproducción de obra plástica), Vicente Rojo (1932), *Carta a Alicia Liddell* (2008), técnica mixta, 180 × 180 cm, colección particular, fotografía Rubén Ochoa.

p. 53 (Fotografía) Rafael López Castro, Vicente Rojo en su taller.

p. 54 (Fotografía) Francisco Palma Lagunas, *Jarabe tapatío,* Gran Ballet de México.

p. 55 (Fotografía) Raúl Barajas/Archivo Iconográfico DGMIE-SEP, *Semana Santa en Chihuahua,* rarámuris.

p. 56 (Fotografía) Bernardo Cid Nieto, Orquesta del Centro Nacional de las Artes de Canadá, 2003.

p. 59 (Fotografía) Rosalía González Matías, Ensayos para la Gira Nacional de Conciertos por el Bicentenario, Orquesta Sinfónica Infantil y Juvenil de México, diciembre de 2009. Ciudad de México

p. 60 (Fotografía) Christa Cowrie, *El mercader de Venecia,* actor Fernando Becerril, Compañía Nacional de Teatro, 2006.

p. 62 (Reproducción de obra plástica) Gunther Gerzso (1915-2000), *Paisaje de Papantla* (1955), óleo sobre masonite, 73 × 100 cm, ©Other Images.

p. 63 André Rouillard, *La deidad dice* (1986), acrílico sobre tela, ©Other Images.

p. 66 (Reproducción de obra plástica) Mirón de Eleuteras (Grecia antigua, *ca.* 455 a.n.e.), *Discóbolo,* escultura en mármol, 169 × 105 cm, Museo Nacional Romano, Roma, ©Other Images; Ron Mueck (1958), *Niño agachado* (2006), escultura hiperrealista monumental, fibra de vidrio, silicón y resina, 5 m de altura, Aarhus Kunstmuseum, Dinamarca, fotografía de Eric Dufour.

p. 67 (Reproducción de obra plástica) Yvonne Domenge (1946), *Circontinuo* (2004), escultura monumental, acero al carbón, fotografía de Julio Hugo Figueroa Zacatenco.

p. 68 (Reproducción de obra plástica) Tiburcio Ortiz (1945), *Mixteca* (1995), talla en mármol, 55 × 92 × 75 cm, colección del artista.

p. 69 (Reproducción de obra plástica) Maribel Portela (1960), *Palmaeformis detractora* (2008), barro y engobe, 170 × 47 × 47 cm, fotografía de Carlos Alarcón.

p. 70 (Fotografía) Christa Cowrie, *Danza de la purificación,* Chiapas, 2006; Daniel González Moreno, *Danza de los concheros,* Ballet Folclórico de México, 2000.

p. 71 (Fotografía) Salatiel Barragán Santos, *Polca norteña,* Saltillo, Coahuila; *La sandunga, en La guelaguetza,* Juchitán, Oaxaca.

p. 72 (Fotografía) Raúl Barajas/Archivo Iconográfico DGMIE-SEP, *Sones y chilenas,* Santiago Pinotepa Nacional, Oaxaca.

p. 73 (Reproducción de obra plástica) Frescos de Bonampak (*ca.* 800-850), fragmento del *Mural de los músicos,* cultura maya, pintura sobre estuco, Muro Norte, Cuarto 1, sitio arqueológico Bonampak, Chiapas; *Códice Borgia,* fragmento de la p. 24, escrito en náhuatl sobre piel de animal, Biblioteca Nacional de Antropología, Conaculta-INAH-Méx, Reproducción autorizada por el Instituto Nacional de Antropología e Historia, fotografía de un facsimilar, tomada por Francisco Palma Lagunas.

p. 76 (Fotografía) Christa Cowrie, *Músicos de Chiapas, Carnaval chamula,* Festival Internacional Cervantino, 2006.

p. 79 (Fotografía) Gobierno del estado de Veracruz, cortesía del Instituto Veracruzano de la Cultura (Ivec), *Festival Xantolo, Carnaval de Veracruz,* 2009, fotografía de Héctor Montes de Oca.

p. 82 (Reproducción de obra plástica) anónimo, *Puesto en el mercado* (*ca.* 1780-1790), óleo sobre tela, 195.5 × 248.5 cm, Museo Nacional de Historia, Conaculta-INAH-Méx, Reproducción autorizada por el Instituto Nacional de Antropología e Historia.

p. 83 (Reproducción de obra plástica) Frida Kahlo (1907-1954), *Naturaleza muerta* (Tondo) (1942), óleo sobre lámina, 66 cm de diámetro, colección permanente del Museo Frida Kahlo, D.R. © 2010 Banco de México fiduciario en el Fideicomiso relativo a los Museos Diego Rivera y Frida Kahlo. Av. Cinco de Mayo núm. 2, Col. Centro, Del. Cuauhtémoc 06059, México. Reproducción autorizada por el Instituto Nacional de Bellas Artes y Literatura 2010.

p. 84 (Fotografía) Kary Cerda, *Baile de las chinas oaxaqueñas* durante la calenda, Valles Centrales, Oaxaca.

p. 88 (Fotografía) *Las aventuras de Fausto,* actor del Teatro Negro de Praga, en *Las aventuras de Fausto,* Teatro Jorge Isaacs, Cali, Colombia, 23 de mayo de 2009, ©Other Images.

p. 89 (Fotografía) Salvador Perches Galván, *Muerte en Venecia,* Compañía Nacional de Ópera, Teatro Julio Castillo, 2009.

Educación Artística. Sexto grado
se imprimió por encargo de la Comisión Nacional
de Libros de Texto Gratuitos, en los talleres
de Offset Multicolor, S.A. de C.V.,
con domicilio en Calzada de la Viga No. 1332,
Col. El Triunfo, C.P. 09430, México, D.F.,
en el mes de enero de 2014.
El tiro fue de 2,959,000 ejemplares.

Impreso en papel reciclado

¿Qué opinas de tu libro?

Tu opinión es importante para que podamos mejorar este libro de *Educación Artística. Sexto grado*. Marca con una palomita ✓ en el espacio de la respuesta que mejor exprese lo que piensas. Puedes escanear tus respuestas y enviarlas al correo electrónico librosdetexto@sep.gob.mx

1. ¿Recibiste tu libro el primer día de clases?

   ☐ Sí   ☐ No

2. ¿Te gustó tu libro?

   ☐ Mucho   ☐ Regular   ☐ Poco

3. ¿Te gustaron las imágenes?

   ☐ Mucho   ☐ Regular   ☐ Poco

4. Las imágenes, ¿te ayudaron a entender las actividades?

   ☐ Mucho   ☐ Regular   ☐ Poco

5. Las instrucciones de las actividades, ¿fueron claras?

   ☐ Siempre   ☐ Casi siempre   ☐ Algunas veces

6. Además de los libros de texto que son tuyos, ¿hay otros libros en tu aula?

   ☐ Sí   ☐ No

7. ¿Tienes en tu casa libros que no sean los de texto gratuito?

   ☐ Sí   ☐ No

8. ¿Acostumbras leer los *Libros de Texto Gratuito* con los adultos de tu casa?

   ☐ Sí   ☐ No

9. ¿Consultas los Libros del Rincón de la biblioteca de tu escuela?

   ☐ Sí   ☐ No

   ¿Por qué?: _____
   _____

10. Si tienes alguna sugerencia para mejorar este libro, o los materiales educativos, escríbela aquí:

   _____
   _____
   _____
   _____

¡Gracias por tu participación!

Dirección General de Materiales e Informática Educativa
Dirección de Desarrollo e Innovación de Materiales Educativos
Versalles 49, tercer piso, col. Juárez,
delegación Cuauhtémoc, C. P. 06600,
México, D. F.

- -

Doblar aquí

Datos generales

Entidad: _____

Escuela: _____

Turno: Matutino ☐   Vespertino ☐   Escuela de tiempo completo ☐

Nombre del alumno: _____

Domicilio del alumno: _____

Grado: _____

- -

Doblar aquí

_____

_____

_____

_____

_____

_____

_____

_____